1559250

Book No.   1559250

Dail Pren

Dail Pren

cerddi
WALDO WILLIAMS

2010

Cyhoeddwyd yn 2010 gan Wasg Gomer,
Llandysul, Ceredigion SA44 4JL.

ISBN 978 1 84851 293 1

© Hawlfraint y cerddi: Ystad Waldo Williams, 2010 ℗
© Hawlfraint y rhagymadrodd: Mererid Hopwood, 2010 ℗

Cedwir pob hawl. Ni chaniateir atgynhyrchu unrhyw
ran o'r cyhoeddiad hwn na'i gadw mewn system
adferadwy, na'i drosglwyddo mewn unrhyw ddull, na
thrwy unrhyw gyfrwng, electronig, electrostatig, tâp
magnetig, mecanyddol, ffotogopïo, recordio, nac
fel arall, heb ganiatâd ymlaen llaw gan y cyhoeddwyr.

Dymuna'r cyhoeddwyr gydnabod
cymorth Cyngor Llyfrau Cymru.

Argraffwyd a rhwymwyd yng Nghymru
gan Wasg Gomer, Llandysul, Ceredigion.

Rhagymadrodd

Amser Waldo

Cant a chwech o flynyddoedd i heddiw – dyna sawl blwyddyn yn ôl y ganed Waldo Goronwy Williams, ac mae hanner cant a phedair o flynyddoedd wedi mynd ers cyhoeddi ei unig gyfrol o farddoniaeth. A hithau'n fore hydrefol a'r coed yn dechrau gwisgo eu lliwiau olaf, mae'r galw'n dal yn daer am *Dail Pren*. Bu sawl argraffiad ac erbyn heddiw, â'r gyfrol mor boblogaidd ag erioed, mae'n rhyfedd meddwl bod cydnabod Waldo wedi cael gwaith dwyn perswâd arno i fedi'r cynhaeaf yn y lle cyntaf. Dim ond diolch sydd gyda ni.

Beth tybed yw cyfrinach apêl *Dail Pren*? Mae'n siŵr bod gan bob darllenydd ei ddamcaniaeth ei hunan. Ond i mi, un o'r atebion, heb os, yw grym diffuantrwydd y canu. Wrth ddarllen y gyfrol – ac mae'n werth gwneud hynny o glawr i glawr weithiau, nid dim ond agor ar y ffefrynnau'n unig – cystal i mi gyfaddef na allaf honni fy mod i'n deall y cwbl sydd gan Waldo i'w ddweud. Ond rwy'n credu, o adael i'w eiriau ef siarad yn y clyw ac yn y galon, ei bod hi'n bosib amgyffred y neges. Mae'r taerineb sydd ym mhob llinell yn ein cario ni gydag ef ac yn ein galluogi ni i ddirnad ei weledigaeth.

Cofiwch, nid yw'r daith yn un esmwyth o hyd. Rwy'n cofio gweld hysbyseb ym mhapur y *Times* rai blynyddoedd yn ôl, yn darlunio pot bach o bils dan y pennawd 'The Ultimate Pain Relief', ac ar label y moddion y gair 'POEMS', ac yna'r cymal hwn: 'to calm, comfort and soothe the soul'. Mae'n deg i ni ein hatgoffa – a'n rhybuddio – ein hunain ar y dechrau fel hyn, os yw cerddi Waldo'n cysuro, maen nhw hefyd yn corddi, ac weithiau, hyd yn oed yn ein tynnu ni i lawr. Ond mae'n werth cofio hefyd eu bod nhw wedyn yn ein codi ni drachefn. Mae gobaith yng ngherddi Waldo. Maentumiodd rhai nad yn y darnau gobeithiol y clywir gwir awen Waldo, gan awgrymu felly mai yn y cerddi llai siriol y ceir hyd i lais y Waldo 'go iawn'. Ond fedraf i ddim gweld sut y gellid rhannu'r awen fel hyn. Oherwydd, onid dyma yw mawredd Waldo? Onid yw cael clywed am obaith a llawenydd gan un sydd wedi profi anobaith, un sydd wedi bod yn y 'pydew gwaed', yn cynnig llesâd mwy ystyrlon?

Ta beth am hynny, yn awdl y 'Motor Beic' (nad yw yn *Dail Pren*) mae'r bardd yn disgrifio ymateb gwraig y dafarn i'w ymweliad ef a'i gyfaill Idwal Jones fel hyn:

> A'n gweld oedd weithian fel gwin – 'run ffunud
> yn codi ei hysbryd fel llyncu dau asbrin.

Yn sicr, mae cael treulio awr fach yng nghwmni awdur *Dail Pren* yn codi ysbryd y ddarllenwraig hon o leiaf.

Awr *fach*. Mae'n rhyfedd, hyd yn oed mewn oes sy'n dibynnu gymaint ar gysondeb y cloc, sut mae ein hymadroddion ni'n cydnabod nad rhywbeth sefydlog yw mesur amser. Ac weithiau, rwy'n credu bod hyn yn arbennig o wir am amser sir Benfro. Mae fel petai'n cerdded ar dramp gwahanol yn y sir hon. Efallai mai'r ffaith ei bod wedi'i lleoli yn eithafion y gorllewin, lle mae'r wawr yn oedi cyn torri, a'r machlud yn petruso'n hir cyn gadael, sy'n cyfrif am hyn. Nid awgrymu ydw i fod pethau'n fwy hamddenol yno, er hardded yr ymadrodd 'sdim taraf'[1] a glywir yn y sir. All neb wadu nad oes tipyn o egni effeithiol yn cael ei losgi yn y fro, neu sut arall allai'r tato ddod yn gynnar o'i daear? A dim ond yn sir Benfro y clywes i'r cyngor, pan oeddwn i'n dysgu gyrru car, 'i fynd yn glou rownd corneli cyn dele rhwbeth'!

Ond weithiau, mae amser yno fel petai'n dal ei anadl rhwng camau'r ddawns. Ac un ymadrodd o dafodiaith yr ardal sy'n dynodi'r oedi hwn yn bert yw'r term 'awr deilwr'. Hon oedd yr awr pan fyddai'n rhy dywyll i deilwra wrth olau dydd, ond yn rhy olau i warantu cynnau cannwyll a chaniatáu i'r teiliwr fwrw ymlaen â'r gwaith. Roedd yr awr hon yn awr sbâr felly, yn awr fach rhwng pob awr arall. Ac efallai mai'r peth gorau y gallai'r rhagymadrodd hwn ei wneud fyddai eich annog i dreulio cymaint o 'oriau teilwr' â phosib yng nghwmni'r cerddi sydd yn y gyfrol. Wedi'r cyfan, does dim pwrpas i fi fynd ati i geisio trafod y themâu mawr. Mae'r ysgolheigion wedi bod yn brysur yn tynnu ein sylw ni at bob math o fanylion yng ngwaith

---

[1] O'i gyfieithu: does dim brys.

Waldo ers blynyddoedd. Mae yna drafod brwd wedi bod ar ei genedlgarwch, ei grefydd, ei gyfriniaeth a'i hiwmor. Waldo'r Bardd Rhamantaidd. Waldo'r Bardd Tywyll. Waldo Bardd y Goleuni. Waldo Bardd y Plant, Bardd Brawdoliaeth, Bardd Heddychiaeth. Waldo hyn ac arall. Ond yn y pen draw, onid hwn yw'r Waldo sy'n rhy fawr i'w ddiffinio?

Un peth sy'n sicr, mae'n amhosib brysio drwy *Dail Pren*. Mae'n rhaid oedi gyda'r testun. Oedi er mwyn clywed 'galw'r iet', a dal yn yr eiliad sy'n caniatáu i ni weld y pethau na welsom ni o'r blaen.

Ystyriwch sawl gwaith mae Waldo'n cysylltu'r eiliad fyrhoedlog â'r awr dragwyddol. Droeon cawn ein hatgoffa o'r munudau mân sydd, nid yn unig yn cysylltu nawr â thragwyddoldeb, ond sydd hefyd yn datgelu tragwyddoldeb i ni. Does dim syndod bod llawer wedi cydnabod pwysigrwydd y gerdd sy'n dwyn y gair 'Yr Eiliad' yn deitl iddi. Hon yw un o'r cerddi y cyfeiriodd Jâms Niclas ati yn angladd Waldo. Dyma'r gerdd a ddewisodd T. James Jones fel un o'r dylanwadau arno,[2] ac mae Caerwyn Williams yn ei nodi yn ei ragarweiniad i gyfrol Gwasg Gregynog o gerddi Waldo. Mae'r gerdd yn dyfynnu rhan o Lythyr cyntaf Paul at y Corinthiaid:

> Eithr fel y mae yn ysgrifenedig, ni welodd llygad, ac ni chlywodd clust, ac ni ddaeth i galon dyn, y pethau a ddarparodd Duw i'r rhai a'i carant ef. Eithr Duw a'u heglurodd i ni trwy ei Ysbryd: canys yr Ysbryd sydd yn chwilio pob peth; ie, dyfnion bethau Duw hefyd.[3]

(Gyda llaw, falle mai'r ffaith ei fod yn dyfynnu'r adnod yn y gerdd sy'n cyfrif am gadw'r 'ni' ac nid newid i'r 'na'. Buasai 'na' yn gystrawennol gywir, ond mae 'ni' yn aros yn driw i'r adnod.[4]) Yma, mae'r afon yn peidio â rhedeg, ac ry'n ninnau'n gweld yn yr Eiliad 'ein geni i'r Awr'. Mae amser wedi ei gywasgu nes ei fod rywsut yn nawr ac yn dragywydd a thrwy hyn yn datgelu'r pethau dyfnion i ni.

---

[2] *Mae'n Gêm o Ddau Fileniwm* (2002), gol. Iwan Llwyd a Myrddin ap Dafydd; Llanrwst, Gwasg Carreg Gwalch.
[3] Pennod 2: 9, 10.
[4] [...] A gwaedda'r graig/Ei bod hi'n dyst/I bethau ni welodd llygad/Ac ni chlywodd clust. 'Yr Eiliad'.

Ond nid yn y gerdd hon yn unig y mae Waldo'n cyfleu'r syniad o'r eiliad unigol yn datgelu profiad oesol. Wrth gwrs, gellid dadlau mai'r cyswllt rhwng profiad eiliad benodol yr unigolyn a phrofiad cyffredinol dynoliaeth yw cefndir cerddi pob bardd yn y bôn. Ond yng ngwaith Waldo, mae'r profiad hwn yn fwy na chefndir. Mae'n flaendir yn ogystal. Nid sôn a wna yn unig am yr hyn a ddigwyddodd yn yr eiliad o weledigaeth ond yn hytrach, sôn hefyd am yr eiliad ei hunan. Y cysylltiad hwn rhwng yr eiliad fach a'r awr fawr dragwyddol yw union graidd ei brofiad. Mae'n chwilio, yn dyheu o hyd am y cysylltiad hwn, yn union fel y mae am weld y dail pren wedi eu cysylltu â gwreiddyn bod – lle nad oes 'un wywedigaeth'.

Fodd bynnag, fel y soniwyd eisoes, ni ddaw'r eiliad hon â'i heglurhad sydyn heb yr oedi a'r hir ddisgwyl. Dyna pam fod angen neilltuo amser i ddarllen *Dail Pren*. Wedi'r cyfan, dyma yw'r patrwm y mae Waldo ei hunan yn ei osod ar ein cyfer. Oedi. Myfyrio. Deall. Mae'n wir bod y deall yn dod, yn aml, ar amrantiad, ond mae'r un mor wir mai hir fyfyrio sydd gan amlaf yn arwain at yr amrantiad arbennig hwn. Fe gofiwn ni am 'Mewn Dau Gae', lle mae'r 'eglurwr' yn dod yn 'sydyn' gyda'i olau, ond dim ond ar ôl yr 'holi'n hir yn y tir tywyll'. Rhywbeth yn debyg yw profiad yr hen wreigen amyneddgar mewn cerdd arall gan Waldo nad yw yn *Dail Pren*. Teitl y gerdd yw 'Am Ennyd', ac ynddi mae'n disgrifio adeg brysur ar stryd fawr Clunderwen. Fel hyn mae'n gorffen:

> Ond mae rhywun ar y drothe yn sefyllian ac ymdroi
> Ma hi'n esgus sheino'r bwlyn drws ond ei hamcan 'sdim dou
> Yw gweld Rhywun Arall yn ei drap yn gyrru fel y boi.

Dim ond wrth oedi, wrth 'sefyllian', y mae gobaith gweld yr ystyr mawr.

Ac ar ôl gweld yr ystyr, ar ôl deall, pa mor sydyn bynnag y bo'r datguddiad hwnnw, mae llonyddwch mawr yn dilyn, a'r cylch yn treiglo o'r newydd. Oherwydd ar ôl y datguddio ar ddechrau 'Mewn Dau Gae', wedi i'r tawelwch newydd setlo, a phopeth unwaith eto 'mor llonydd', wrth i'r nos anadlu 'dros Weun Parc y Blawd a Parc y Blawd', mae Waldo eisoes wedi dechrau disgwyl drachefn, disgwyl am ymweliad o'r newydd gan y saethwr, gan wybod pwysigrwydd bod yn barod. Gan adleisio Mathew 24, dywed Waldo os nad yw e'n siŵr pa awr yw hi y 'daw'r Brenin Alltud a'r brwyn yn hollti', ei fod e'n gwybod i sicrwydd y daw: 'diau y daw'r dirhau'. Does dim amheuaeth am hynny. Dim ond mater o aros yw hi, aros am yr eiliad sy'n egluro.

A phan ddaw'r eiliad, caiff ei ddarlunio fel fflach, fel un pelydryn disglair ond hollgwmpasog o oleuni. Ystyriwch y modd y mae'r gerdd 'Adnabod' yn tynnu i'w therfyn:

> Ti yw'r eiliad o olau
> Sydd â'i naws yn cofleidio'r yrfa.
> Tyr yr Haul trwy'r cymylau –
> Ti yw Ei baladr ar y borfa.

Ond yma eto, nid yw Waldo yn gadael yr eiliad o ddatguddiad ar ei phen ei hunan. Aiff ymlaen i osod yr 'eiliad o olau' ochr yn ochr â thragwyddoldeb. Dyma'r cyd-destun bob tro. Oherwydd mae'r 'Ti' sydd yn 'eiliad o olau' hefyd yn cael ei ddisgrifio fel hyn:

> Ti yw'r un gell dragwyddol
> Yn ymguddio yng nghnewyllyn pob cerdd.

Yr un yw'r 'Ti' sy'n ddŵr rhedegog ac yn deithiwr â'r 'Ti' sy'n dywysog 'sy'n aros ynom'. Hynny yw, mae'n un o'r eiliadau hynny eto sy'n dal tragwyddoldeb wrth fynd heibio, ac yn dod, mentraf ddweud, â dyn yn agosach at y Creawdwr. Dyna beth yw 'adnabod, nes bod adnabod'.

Mae'r cyfeiriad hwn at 'eiliad o olau' yn ein hatgoffa o'r fflach sydyn a geir yn 'Cyfeillach' pan mae'r milwr o 'elyn' yn estyn anrheg Nadolig i'r ferch fach ac yn gwneud ffrind am oes:

> Cans saetha'r goleuni pur
> O lygad i lygad yn syth.

Mae hefyd yn ein hatgoffa o'r berthynas rhwng y tywyllwch (sydd fel pe'n gydymaith i'r myfyrio), a'r goleuni (sy'n rhan o'r egluro). Mor aml y mae'r daith gyda Waldo yn ein harwain o'r tywyllwch i'r goleuni – ac yn ôl. Ystyriwch y symudiad sydd yn 'Oherwydd Ein Dyfod', pan mae e'n mynd o'r 'ystafell dawel' a'r 'ogof ddiamser', 'trwy'r wythïen dywyll/I oleuni yr aelwydydd'. Unwaith eto, mae fel pe byddai'n rhoi awr deilwr iddo'i hunan i gael meddwl, cyn bod y gannwyll yn cael ei chynnau.

Rwyf eisoes wedi cyfeirio at rai o ymadroddion amser y Sir, ac wrth feddwl am Waldo'n cyplysu'r eiliad â'r awr, alla' i ddim llai na chofio am y syniad sydd yn y sir o 'Wthnos Ŵes'.[5] Dyna gywasgu amser os buodd erioed! Mae'r wythnos yn hedfan nid o Sul i Sul, ond drwy bob cyfnod o eni dyn hyd ei farw: Mabandod, Iefenctyd, Gwridŵed, Serch, Anterth, Cifnerth, Gwynŵed. Dyna yw ein bywyd ni i gyd – rhyw wythnos fer iawn yn oes-oesoedd tragwyddoldeb, rhyw 'drofa fer' ar yr 'yrfa faith', ac mae Waldo'n dangos i ni nad oes posib datod ein harhosiad byr ni ar y ddaear oddi wrth y cwlwm tragwyddol. Rhyw damaid bach o'r rhod oesol yw'n siwrnai ni.

Yr un stori sydd yn y gerdd ddirdynnol: 'Plentyn y Ddaear':

> Saif yntau, y bychan aneirif,
> Am ennyd yn oesoedd ei ach.

Ac eto yn 'Cymru a Chymraeg' lle mae Waldo, wrth ddisgrifio'r mynyddoedd, yn rhoi o fewn un llinell: 'Trwy freuddwyd oesoedd, gweledigaethau munudau mân', cyn mynd ymlaen i ddweud: 'Amser a'u daliodd yn nhro tragwyddoldeb dawns'. Siawns mai dyma sydd yn 'Preseli' drachefn, pan mae'n dweud fel hyn 'Perl yr anfeidrol awr yn wystl gan amser'.

Gosod heddiw yng nghyd-destun yr holl amseroedd a fu a wna yn ei awdl i Dŷ Ddewi hefyd:

> Mi chwiliais a dymchwelyd
> Mesurau bach amser byd.
> Er ymlid, hen Garn Llidi,
> O'r oesau taer drosot ti
> Anniflan heddiw yw'r hen flynyddoedd
> Cans yma mae mynydd fy mynyddoedd
> A'i hug o rug fel yr oedd pan glybu'r
> Canu ar antur y cynnar wyntoedd.

Ac eto yn 'Anatiomaros':

> Lle mae pob doe yn heddiw heb wahân
> A churo gwaed yfory yn y gân.

---

[5] Wythnos Oes.

Ac os yw'r eiliad a thragwyddoldeb yn dod at ei gilydd – felly hefyd mae'r pell a'r agos. Mae'r syniad hwn yn cael mynegiant ganddo yn y gerdd gyntaf iddo ei chyhoeddi erioed, 'Horeb Mynydd Duw', lle mae e'n gofyn am gael rhwygo muriau 'cul y gell' i gael gweld bro'r 'gorwelion pell' a byd 'yr eangderau gwell'. Onid dyma yw ateb y cwestiwn a gawn ganddo mewn cerdd dipyn diweddarach, pan mae e'n gofyn: 'Beth yw byw?' ac yn esbonio: 'Cael neuadd fawr rhwng cyfyng furiau'?

Dro ar ôl tro, gall gyfannu'r nefoedd a'r ddaear mewn un cwpled:

> Tosturi, O sêr, uwch ein pennau,
> Amynedd, O bridd, dan ein traed.

Mae'r cyfeiriad hwn yn llinell olaf 'Plentyn y Ddaear' yn arwain y meddwl at y gerdd sy'n dwyn y teitl 'O Bridd', lle mae e'n disgrifio ynys Kerguelen ac yn dweud bod Duw yn disgwyl yno. Mae unrhyw un sy'n disgwyl yn gorfod meithrin crefft amynedd. Rhaid bod yn amyneddgar wrth ddisgwyl am fflach yr eiliad. Ddaw hi ddim oni bai ein bod yn barod i aros amdani. O'r stad amyneddgar hon y daw'r eiliadau drachefn a wnaiff ein cyffwrdd ni, fel y cyffyrddodd ysgerbwd carreg yr eneth ifanc droeon yn Waldo: 'Bob tro o'r newydd mae hi'n fy nal'. Nid yw eiliad bywyd yr eneth ifanc yn diflannu, ond yn hytrach yn ailymuno â'r rhod dragwyddol. Os yw ei llais wedi distewi, gallwn eto deimlo'i phresenoldeb hi, fel y teimlwn yr wybren o'n cwmpas: 'Glasach ei glas oherwydd hon'. Dyma'r un glas â'r glas y mae'r eithin yn addo y daw i drechu'r gaeaf yn 'Ar Weun Cas' Mael'.

Hon yw'r gerdd, 'Ar Weun Cas' Mael', lle mae e'n gofyn i Gymru ein tynnu ni, ei phobl, ynghyd, a'n dysgu ni i feithrin pob dawn sydd gyda ni er ei chlod. O ran ei hunan, mae'n gofyn yn ddewr am i Gymru roi nerth iddo fod yn fardd, nid er ei fwyn ef, ond er ei mwyn hi. Yn sicr, fe atebwyd y weddi honno. Bardd i Gymru yw Waldo, a'n braint ni yw cael siarad yr un iaith ag ef a cheisio dilyn gweledigaeth rymus ei eiriau. Ac am fod ei weddi wedi ei hateb, byddwn ni heddiw, a hithau'n ddiwrnod olaf Medi, dydd pen-blwydd Waldo, yn tyrru i Fynachlog-ddu i ddathlu 'Diwrnod Waldo', y cyntaf, rwy'n sicr, o laweroedd. Mae'n arwyddocaol mai gyda cherdd i'r mis hwn y mae prif adran *Dail Pren* yn dirwyn i ben, cerdd sy'n gorffen gyda gair teilwng i gloi unrhyw sôn am Waldo:

> Ynghanol oesol ryfel
> Mihangel y mae *hedd*.[6]

Chadwa' i ddim mohonoch chi'n hirach, felly. Fel y byddem ni'n blant yn edrych ymlaen at glywed cloch yr ysgol yn datgan ei bod hi'n 'Amser Chwarae', mae'n dda gen i ddweud ei bod hi nawr, unwaith eto, gyda chyhoeddi'r argraffiad newydd hwn, yn 'Amser Waldo'. Mwynhewch y darllen!

Mererid Hopwood
Caerfyrddin
30 Medi 2010

---

[6] Italics MH.

Diolch y Bardd

Manteisiaf ar y cyfle hwn i ddiolch i nifer o olygyddion am gyhoeddi fy nghanu. Ceir yma gerddi a fu yn *Y Ford Gron, Y Faner, Heddiw, Y Llenor, Y Ddraig Goch, Y Wawr, Seren Cymru, Y Ffordd* a *The Dragon* a darlledwyd rhai gan y BBC. Diolchaf i berchenogion *Y Ford Gron* ac i'r BBC am eu caniatâd, ac i Olygyddion *Llinyn Arian* am wahodd un o'r caneuon.

Bu John Eilian (Mr J. T. Jones y pryd hynny) a'r diweddar E. Prosser Rhys yn galonogol iawn i mi pan oeddwn yn dechrau cyhoeddi fy ngherddi a thrwy adegau distaw gennyf ni pheidiodd Prosser Rhys â'm hannog i ganu.

Wrth baratoi'r gyfrol hon cefais gymorth mawr gan Miss Dilys Williams (chwaer i mi), a chan yr Athro J. E. Caerwyn Williams a'r Dr J. Gwyn Griffiths cefais y casgliadau a wnaethent o'm gwaith. Cefais gymorth parod hefyd gan y Mri Bobi Jones, Ben Owens, James Nicholas, W. R. Evans, J. Tysul Jones a'r Parch Brynmor Davies. Ac yr wyf yn ddyledus iawn i Mr D. J. Williams am gadw llawysgrifau.

Diolchaf i Mr D. J. Morris am dynnu llun y pren, ac i Mr Gerallt Evans am gerddoriaeth *Molawd Penfro*. Yn olaf diolchaf i'r Cyhoeddwyr am ddwyn y gwaith i'w wedd bresennol yn raenus yn ôl eu harfer.

Cynnwys

	Tud.
Adnabod	50
Angharad	32
Almaenes	62
'Anatiomaros'	74
Ar Weun Cas' Mael	15
Bardd	46
Beth i'w Wneud â Nhw	87
Brawdoliaeth	66
Byd yr Aderyn Bach	86
Bydd Ateb	73
Cân Bom	72
Caniad Ehedydd	79
Cofio	65
Cwm Berllan	64
Cwmwl Haf	37
Cyfeillach	60
Cymru'n Un	78
Cymru a Chymraeg	84
Cyrraedd yn Ôl	58
Daffodil	40
Dan y Dyfroedd Claear	57
Dau Gymydog	39
Daw'r Wennol yn Ôl i'w Nyth	19
Die Bibelforscher	54
Diwedd Bro	53
Eirlysiau	41
Elw ac Awen	49
Eneidfawr	75
Eu Cyfrinach	45
Fel Hyn y Bu	88
Geneth Ifanc	14
Gwanwyn	82
Gŵyl Ddewi	77
Gyfaill, Mi'th Gofiaf	33

	Tud.
[Heb deitl]	52
I'r Hafod	47
Medi	95
Menywod	44
Mewn Dau Gae	17
Molawd Penfro	94
Mowth-organ	42
O Bridd	70
Odidoced Brig y Cread	69
Oherwydd Ein Dyfod	30
Pa Beth yw Dyn?	55
Plentyn y Ddaear	56
Preseli	20
Rhodia, Wynt	83
Soned i Bedlar	48
Tri Bardd o Sais a Lloegr	35
Tŷ Ddewi	1
Wedi'r Canrifoedd Mudan	76
Y Ci Coch	85
Y Geni	61
Y Plant Marw	68
Y Sant	91
Y Tangnefeddwyr	31
Y Tŵr a'r Graig	21
Ymadawiad Cwrcath	92
Yn Nyddiau'r Cesar	67
Yn y Tŷ	43
Yr Eiliad	63
Yr Hen Allt	34
Yr Hen Fardd Gwlad	90
Yr Heniaith	80
Yr Hwrdd	81
Sylwadau	100

Tŷ Ddewi

Nos Duw am Ynys Dewi.
Daw hiraeth llesg i draeth lli.
Llif ar ôl llif yn llefain
Ymysg cadernid y main.
Araith y cof yw hiraeth y cyfan,
Hiraeth am y fro ar y gro a'r graean.
Mae hun fawr ym Mhen y Fan – a thrwyddi
Mae hiraeth am weilgi ym Mhorth Moelgan.

Yn weddus a gosgeiddig
Daw i'w draeth o dŷ ei drig.
Araf ei sang, i'w dangnef
O'i uchel waith dychwel ef.
Erddo'ch dywenydd rhoddwch, O donnau,
Yn gôr digyrrith a byddwch chwithau
Yn deilwng o'i sandalau, dywod mân,
Ymysg y graean cymysg o grïau.

O'i ofal daw fel y daeth
I dywod ei feudwyaeth,
Y gŵr tal a garai ton
A chlegyr uwchlaw eigion.
A'r tonnau taer, ar y tywyn torrant,
A'u lleisiau is, eilwaith, lle sisialant.
'Dewi ydyw' dywedant – a mwyned
Eu min agored am enw a garant.

Neu i'r gwron her gawraidd,
Tyred, wynt, a rhed â'i aidd
Uwchlaw'r gwanegau achlân
Gan chwythu'r gwŷn uwch weithian.
A chwithau'r un fel y tonnau melyn
Ymhyrddiwch a chorddwch dan lech Hwrddyn
Y mawr dwrf rhag camre dyn o afiaith
A rhyddid hirfaith moroedd y terfyn.

Mae eigion golygon glas
Ac o'u mewn y gymwynas.
Dewrder o dan dynerwch
Duw ni ludd i'r dynol lwch.
A glain y ddau oedd dy galon, Ddewi;
Trwy storom enaid rhoist dy rym inni,
A thrwy'r storom heb siomi yr hedd rhwydd,
Hafan distawrwydd y dwfn dosturi.

Nos Duw am Ynys Dewi.
Yntau, llaes yng ngwynt y lli
Ei glog, a'r grog ar arw grys
Yn rhyw ogian o'i wregys.
Draw'r oedd Hwrddyn ag ewyn yn gawod,
I'w hochr y glynai, a chri gwylanod.
Âi Dewi ar ei dywod. Yn y sŵn
Hyn a fu fyrdwn ei hen fyfyrdod:

Gado cysur seguryd
A dôr balch gwychderau byd
Am drech dawn yr ymdrech deg
Na chwennych ddawn ychwaneg.
Gado'r hen air a gado'r anwiredd
Gyda'r hen fâr gado'r hen oferedd.
Gado'r clod o godi'r cledd mewn byd claf
A thyngu i Naf waith a thangnefedd.

Gado, uwch mwynder ceraint,
Ryddid serch am freuddwyd saint,
Am ddawn offrymu i Dduw
Rym enaid ar dir Mynyw,
Am lwm gilfeydd ac am lem gelfyddyd
Er gwaith ei wylltir i'w gaeth a'i alltud –
Rhwygo'r cryfder yn weryd – a throi a hau
Braenar y bau i Frynwr y Bywyd.

E dyr hwrdd yr aradr hon
Lawr brith y Gael a'r Brython.
Gras y Tywysog a red
Yn rhydd ofer o Ddyfed.
Daw bore Iesu o'i oriau duon
A siantau taer y llu seintiau tirion.
Ymlid braw o deimlad bron fydd Ei rad.
Daw dyn i'w gariad o dan Ei goron.

Ei gof o'r môr a gyfyd
Golch Ei fawl o gylch Ei fyd.
Cyfle saint a braint eu bro –
Tân Melita'n aml eto.
Y meithder, gan y sêr a fesurir,
Y lle ni phwyntiodd na llyw na phentir
Gan feudwy a dramwyir yn ddidrist
A bydd crog Crist lle bydd cerrig rhostir.

Iwerddon, parth â hwyrddydd,
A'r Iôr ar Ei fôr a fydd,
Glyned rhôm a'n glaniad draw.
Ymleda'r glas am Lydaw –
Tir y meudwyaid yw'r trumiau duon,
O'r conglau twn y daw'r cenglau tynion.
Yna bydd cof am Samson ein brodyr.
A hardd yr egyr hen ffyrdd yr eigion.

Hawddamor pan angoro
Mynaich, a thros fraich y fro
Pysgotwyr ar antur ŷnt,
Eneidiau cadarn ydynt.
Dan Glomen Wen, dan glymu'n ewynnau
Fawl o thrafael dyfalwaith rhwyfau
Cipiant o galon y tonnau byddar
Hir wobrwy daear yr Hebredeau.

Terfynwyd y proffwydo
Gan hir grych yn rhygnu'r gro.
A Dewi'n gweld trwy'r düwch
Ryw ŵr, pysgotwr o'i gwch
Oedd a'i gyfarchiad cynnes wrth nesu
Yn esgud wŷs i ddysgu Duw Iesu,
Mae Dewi'n sôn am y dawn sy i'r byd,
Am Un a'i gweryd ym mhoen ei garu.

Ni fynnai'r llall mo'i allu,
Ai rhan Duw oedd y drain du?
Dywawd, 'Nid af yn daeog
I Grist yn hongian ar grog.
Dyro'n ôl haul yr henfyd goleulon,
Dyre â golau i dir y galon
Heb un cur o boen coron gwrthuni
O, dyro inni adar Rhiannon'.

Ebr Dewi, 'Cân y fanon
Fydd hoyw yn y grefydd hon;
Yn y newydd ffydd ni phaid
Hen degwch Brân Fendigaid.
Hwnnw oedd gyfiawn yn ei ddigofaint
A rhoddodd i'w dorf rad ei ragorfraint
Bu'n bont ar lawr, ei fawr faint. Bu'n heol
A dawn i ddwyfol, dwyn ei oddefaint.

'A chadarn a gwych ydoedd.
I osgo Duw cysgod oedd.
Eilun hil yn ehelaeth
Rithio Nef, ond syrthio wnaeth.
Ni ddaeth ef adref yn ei wrhydri
A'i hen gerdd arwest a gwŷr y ddyri.
Yn ei dranc bu fwyn dy ri. O'i galon
Adar Rhiannon roes i drueni.

'Eithr fe gyfodes Iesu
O'r llwch a'i dywyllwch du.
Yno nid erys unawr.
Engyl Ei efengyl fawr
Yw'r seren fore sy â'i rhin firain
A'r haul a dyr o hualau dwyrain,
Duw pob dydd a rydd trwy'r rhain Ei ienctid,
Penlinia o'i blegid pan leinw blygain.

'Eiddo i Nêr byddwn ni
A glân fel y goleuni
O law Nêr, goleuni iach
Bore syml, ba ras amlach?
Pob pen bore mae eilwyrth y Crëwr
Eiliad o'i hangerdd rhag golud ungwr.
Na, bord wen a bara a dŵr fo dy raid,
A gwêl dy lygaid y gwawl dilwgwr.'

Yna'n deg daeth blaen y dydd
I ymylon y moelydd.
Ond Dewi ni phenliniodd.
Llyma'r wawd a'r llam a rodd:
'Hyfryd oleuni a'i afradlonedd
Llamaf ar oror fy ngwlad lle gorwedd
Agored i'w drugaredd, a'r nos fawr –
Chwâl ar un awr a chilia'r anwiredd.'

II

Dyma hafod Mehefin,
Lônydd haf trwy lonydd hin.
Ni ŵyr dail llwyn na brwyn bro
Hynt y nawn. Maent yn huno
Uwch erwau diog a chawr y deau
Yn rhoi ei danbeidrwydd rhwydd ar ruddiau
A chryndod mân gryndodau ei nerth tawdd
Yn firagl hawdd ar fieri'i gloddiau.

Pwy yw hi? Ymegnïa.
Serch ei hoed ar droed yr â.
Ai maith y daith y daethost?
Dyre, tynn' am y droed dost
Yr esgid garpiog a rho dy glogyn
Hyd yma ar led am ryw eiliedyn.
Cei di hoe, cei wedi hyn ysbryd da
I fynd â'th yrfa'n fwyn hyd ei therfyn.

Dyre mor bell â Dowrog
Yno, clyw, cei daenu clog.
Mae rhos lle gwylia drosom
Y glas rhith sy'n eglwys rhôm.
A maith ei hallor a gwyrdd ei lloriau
Ac yno aderyn a gân dy oriau.
Yno os gwn cei ddilesgáu. Deui'n gynt
Heb reidus hynt, i baradwys seintiau.

Yn y frodir mae'r frawdiaith
A'th dyn yn 'sgafnach na'th daith.
Er dy fwyn, fe gredaf i,
Daw'r lleianod o'r llwyni.
Er mwyn 'rhen Fadlen yn ei thrueni . . .
Aros ni allet. O'r gwres enilli
Dy ddwywaith i Dŷ Ddewi cyn y floedd
Ar dy ingoedd yr awr y dihengi.

Ond wele ar yr heol
Eirian daith dros fryn a dôl,
Feirch agwrdd y farchogaeth.
Gwaladr yw hyd Newgwl draeth.
Â gwayw ei henwlad a'i wŷr i'w ganlyn
I'w pader yn armaeth Pedr y Normyn
Er cyff Rhys, er coffa'r Rhosyn – yno,
A Duw a'u dalio wrth wlad y delyn.

Ac yma daw torf lawen
A chainc o'r ifainc a'r hen.
A phrins ymadroddi ffraeth
Yn neuadd i'r gwmnïaeth.
Ac yntau, ym mintai y palffreiod,
Y cawr gwenieithus, y câr genethod
Wrando ar ei bererindod ddiloes.
Roedd hynny'n foes yn eu henoes hynod.

Eofn rhwng y colofnau
Yw'r llu mawr a'r holl ymwau
Diatal. Ar wal, wele
Uwch llon ddigrifwch y lle,
Lu o nofisiaid dan law hen fasiwn.
Yntau a ddywed, 'Mae'r gred a gredwn?
O mor hyll y miri hwn rhwng pethau
A riniodd wefusau'r hen ddefosiwn.

'Mae ofer sang yn nhangnef
Iesu Grist a'i gysegr Ef,
A lle mae yr hyll ymhél
Dewi a rodiai'n dawel.
O, am enaid hen ysbaid annisbur
Y saint meudwyol a wybu ddolur.
Hynt eu cân yr aethant, o'u cur. Dduw gwyn,
Y rhwydd ymofyn, lle'r oedd eu myfyr.

'Na wawdiwn gyffes Iesu,
Ysol dân yw sêl Ei dŷ.
Hir yma yr ymrwymais
A nwyd gwell i wneud Ei gais.
A muriau heddwch fydd am fy mreuddwyd
Yn nirgel lan y llan a ragluniwyd.
Hyd aml gôr y deml a gwyd o'm deutu
I'm hannwyl Iesu, y maen a lyswyd.

'Sibrydai mad Ysbryd mwyn
Ei Air i Fair y Forwyn.
Yn Ei wawl oni weli
Dlysineb Ei hwyneb Hi?
Erddi chwiliaf yr harddwch a welid
Ac uchel geinder fo'n gochel gwendid
Caf londer tra caf lendid – yn fy marn
Ar gerrig y darn a'r gwir gadernid.

'Fy Mair gu, y fam wâr gynt,
Annwyl pob un ohonynt.
Ond y Gair fu yn Dy gôl
A gerit yn rhagorol.
Un dymuniad a aned i minnau,
I ddal yr aing oni ddêl yr angau.
A naddu rhes fy nyddiau yn fywyd
I deml yr Ysbryd yn nhud fy nhadau.

'Mae amser trwy'r amseroedd
A'i rin gêl yr un ag oedd.
Hen gydymaith pob teithiwr,
Rhydd ei nod ar wedd hen ŵr.
A heddiw hen wyf, ac oeddwn ifanc.
O boen ei ddiwedd nebun ni ddianc.
Tra bwy'n llwch try bun a llanc yn fynych
I fwynaidd edrych ar f'awen ddidranc.

'Eithr o ango huno hun
Credaf, cyfodaf wedyn.
Mae tref a gyfyd i'm trem
Acw, ar seiliau Caersalem.
Awn, seiri hoff, i'w hanian seraffaidd,
E ddaw i'r golwg ein delw ddirgelaidd.
Amser a thrawster ni thraidd i'n hymlid
O glas ieuenctid ei heglwys sanctaidd.

'Uchel fodd a chelfyddyd
Ddi-baid canrifoedd y byd
Islaw, sy'n y ddinas lân,
Crog y fynachlog wychlan,
Urddas y gangell a'i harddwisg yngo
A'r dyfnder tawel i'r sawl a'i gwelo.
Ac yma cyfyd bryd bro Bae San Ffraid
Ond ery enaid ei geinder yno,

'A dawn llon eneidiau'n llu
O'r oesoedd gyda'r Iesu,
Yn ddidlawd eu molawdau
Yn uwch eu hoen o'u hiacháu.
Prydferth arial y parod ferthyri
Yno heb liw hen friw mae Gwenfrewi,
A glanaf, mwynaf i mi o holl ryw
Deheulaw Oen Duw, wele ein Dewi.'

III

Ar gadernid Carn Llidi
Ar hyd un hwyr oedwn i,
Ac yn syn ar derfyn dydd
Gwelwn o ben bwy gilydd
Drwy eitha Dyfed y rhith dihafal,
Ei thresi swnd yn eurwaith ar sindal
Lle naid y lli anwadal yn sydyn
I fwrw ei ewyn dros far a hual.

Gwe arian ar ei goror
Yw mân ynysoedd y môr.
Yno daw canu dyhir
A dawns ton ar ridens tir.
A thanaf y maith ymylwaith melyn,
Fe dry i'r glannau fodrwyog linyn,
Yno gwêl y tonnau gwyn – yn eu llwch
Dan eira'n harddwch o dan Drwyn Hwrddyn.

A rhwysg y diweddar haf
Ar daen trwy'r fro odanaf
A llonyddwch lle naddwyd
Y goron lom, y garn lwyd,
A'm huchelgaer a'i threm uwch y weilgi
A'r gwenyg eilchwyl ar greigiau'n golchi
Rhyw hen dangnefedd fel gweddi ddirgel,
Mae anwes dawel am Ynys Dewi.

A daw ataf o'm deutu
Iaith fwyn hen bethau a fu
Fel caneuon afonydd
Llawer doe dan goed yn gudd.
Aberoedd mân a fu'r beirdd i minnau,
Canent lle rhedent o rwyll y rhydiau,
A thôn yn y pwll ni thau oedd eu naid
A Bae San Ffraid, ebe sŵn y ffrydiau.

Mi chwiliais a dymchwelyd
Mesurau bach amser byd.
Er ymlid, hen Garn Llidi,
O'r oesau taer drosot ti
Anniflan heddiw yw'r hen flynyddoedd
Cans yma mae mynydd fy mynyddoedd
A'i hug o rug fel yr oedd pan glybu'r
Canu ar antur y cynnar wyntoedd.

A doe cynheuodd Dewi
Dan y maen ei dân i mi,
Nes o glos eglwys y glyn
Seiniau ysgafn sy'n esgyn.
Y Fam Wyryol, Ave Maria,
I'r Duw eglured y Deo Gloria,
A chlod a uchel leda uwch y byd
Yn glog ar fywyd o Glegyr Foia.

Egnïon a gynheuodd
Rhwng bwâu yn rhyngu bodd.
Ar rith yr awyr weithion
Clywaf dincial dyfal donc
A chrefftwyr taer uwch yr hoffter terwyn
Yn mynnu ceinder o'r meini cyndyn.
Harddu camp eu gordd a'u cŷn drwy eu hoes
I'r Awen a'u rhoes ar weun y Rhosyn.

Aeddfed fedr i'r Ddyfed fau!
Hirfaith oedd tinc eu harfau,
A chan afiaith cywaith cu
Di-dlawd eu hadeiladu.
Cadarn gynghanedd cydraen ganghennau,
Dwyres odl oesol hyd yr ystlysau,
Gwig, a siffrwd pêr paderau trwyddi –
Rhyw si yn nrysi Rhosyn yr Oesau.

Ond gwych a fu hendai gynt
A sarhad amser ydynt.
A'r mynydd a'i rym anwel
A wysiodd im oes a ddêl,
A distaw ddyfod y cadarn arni,
A saib y treisiwr is y bwtresi.
Chwap, yn y rhestr ffenestri edrychodd
A'r hwb a loriodd y dewr bileri.

Y llan a fu dan hen dŵr
Ydyw tud y datodwr.
Mae ei wyrdd yn y murddyn.
Mae'r haul rhwng y muriau hyn
A'i leuer yn ail â'r glaw a'r niwloedd.
Y rhawg yn nhrofa ei hir ganrifoedd
Pan fo blin y drycinoedd, defaid gwâr
A dyr am seintwar o'r stormus wyntoedd.

Ond ar hyn, myned y rhith.
Gwynnach oedd sofl y gwenith.
Gwelwn ar ôl ei gilio
Hael fron y barhaol fro.
Parabl y nawdd tra pery blynyddoedd
Yw llafur caeau a phreiddiau ffriddoedd.
Daw'r un haul wedi'r niwloedd, a buan
Y daw'r adar cân wedi'r drycinoedd.

A hin glaear cawn glywed
Rhyw loyw anturio ar led,
A'i wyrdd reng drwy bridd yr âr
Yw'r ceirch yn torri carchar.
A llawer heuwr hirgam fu'n amau
Mai mwy ei dynged na chwmwd angau,
A heuodd rhwng ei gloddiau dangnefedd
A rhodio'i dudwedd i'r oed â'i dadau.

Hŷn na'i dŷ awen Dewi
A hwy ei saernïaeth hi.
A darn trech na dyrnod drom
Yr angau, ei air rhyngom,
A rhuddin Crist trwy ganghennau Cristion
Er siantau taer teulu'r seintiau tirion
Gwylia o hyd yn y galon gywir
A byth adwaenir yn obaith dynion

Y ffordd, y bywyd ni phaid
Y gwirionedd gâr enaid
A phren y rhagorol ffrwyth,
A'r Hwsmon a'r iau esmwyth.
Ac yn y galon mae Ei hwsmonaeth
Ac Yntau'n aros ar gant ein hiraeth,
Digon i gymydogaeth a digon
I ieuo'r hilion trwy'r ddaear helaeth.

Ac ar y llain ger y lli
Y rhoed iau ar war Dewi,
Rhychor y Duw Goruchel
A thir serth ni thyr ei sêl.
Y ddaear lawn hon sy'n ddarlun heno,
Twysennau grawn yn y teisi'n gryno,
Pob cynhaeaf mi gaf gofio Geilwad
Hen rym ei dyniad a'r iau amdano.

Nos da, gymwynas Dewi,
A'i dir nawdd. Dyro i ni,
Yr un wedd, yr hen addaw
A thŷ llwyth nid o waith llaw.
Trwy'r grug lliw gwin troi o'r graig lle gweinwyd
I mi'r heddwch a ddaliai fy mreuddwyd,
A rhiniol oes y garn lwyd oedd gennyf,
A'i gwên, a chennyf y gân ni chanwyd.

Geneth Ifanc

Geneth ifanc oedd yr ysgerbwd carreg.
Bob tro o'r newydd mae hi'n fy nal.
Ganrif am bob blwydd o'm hoedran
I'w chynefin af yn ôl.

Rhai'n trigo mewn heddwch oedd ei phobl,
Yn prynu cymorth daear â'u dawn.
Myfyrio dirgelwch geni a phriodi a marw,
Cadw rhwymau teulu dyn.

Rhoesant hi'n gynnar yn ei chwrcwd oesol.
Deuddeg tro yn y Croeso Mai
Yna'r cydymaith tywyll a'i cafodd.
Ni bu ei llais yn y mynydd mwy.

Dyfnach yno oedd yr wybren eang
Glasach ei glas oherwydd hon.
Cadarnach y tŷ anweledig a diamser
Erddi hi ar y copâu hyn.

Ar Weun Cas' Mael

Mi rodiaf eto Weun Cas' Mael
A'i pherthi eithin, yn ddi-ffael,
Yn dweud bod gaeaf gwyw a gwael
   Ar golli'r dydd.
'Daw eto'n las ein hwybren hael'
   Medd fflam eu ffydd.

A heddiw ar adegau clir
Uwch ben yr oerllyd, dyfrllyd dir
Dyry'r ehedydd ganiad hir,
   Gloywgathl heb glo,
Hyder a hoen yr awen wir
   A gobaith bro.

O! flodau ar yr arwaf perth,
O! gân ar yr esgynfa serth –
Yr un melystra, trwy'r un nerth,
   Yr afiaith drud
O'r erwau llwm a gêl eu gwerth
   Rhag trem y byd.

O! Gymru'r gweundir gwrm a'r garn,
Magwrfa annibyniaeth barn,
Saif dy gadernid uwch y sarn
   O oes i oes.
Dwg ninnau atat: gwna ni'n ddarn
   O'th fyw a'th foes.

Yn dy erwinder hardd dy hun
Deffroit gymwynas dyn â dyn,
   Gwnait eu cymdeithas yn gytûn –
   A'th nerth o'u cefn,
Blodeuai, heb gaethiwed un,
   Eu haraf drefn.

Dwg ni yn ôl. Daw'r isel gur
Dros Weun Cas' Mael o'r gaethglud ddur:
Yng nghladd Tre Cŵn gwasnaetha gwŷr
   Y gallu gau.
Cod ni i fro'r awelon pur
   O'n hogofâu.

Fel i'r ehedydd yn y rhod
Dyro o'th lawr y nwyf a'r nod,
Dysg inni feithrin er dy glod
   Bob dawn a dardd.
A thrwy dy nerth rho imi fod
   Erot yn fardd.

Mewn Dau Gae

O ba le'r ymroliai'r môr goleuni
Oedd a'i waelod ar Weun Parc y Blawd a Parc y Blawd?
Ar ôl imi holi'n hir yn y tir tywyll,
O b'le deuai, yr un a fu erioed?
Neu pwy, pwy oedd y saethwr, yr eglurwr sydyn?
Bywiol heliwr y maes oedd rholiwr y môr.
Oddi fry uwch y chwibanwyr gloywbib, uwch callwib
 y cornicyllod,
Dygai i mi y llonyddwch mawr.

Rhoddai i mi'r cyffro lle nad oedd
Ond cyffro meddwl yr haul yn mydru'r tes,
Yr eithin aeddfed ar y cloddiau'n clecian,
Y brwyn lu yn breuddwydio'r wybren las.
Pwy sydd yn galw pan fo'r dychymyg yn dihuno?
Cyfod, cerdd, dawnsia, wele'r bydysawd.
Pwy sydd yn ymguddio ynghanol y geiriau?
Yr oedd hyn ar Weun Parc y Blawd a Parc y Blawd.

A phan fyddai'r cymylau mawr ffoadur a phererin
Yn goch gan heulwen hwyrol tymestl Tachwedd
Lawr yn yr ynn a'r masarn a rannai'r meysydd
Yr oedd cân y gwynt a dyfnder fel dyfnder distawrwydd.
Pwy sydd, ynghanol y rhwysg a'r rhemp?
Pwy sydd yn sefyll ac yn cynnwys?
Tyst pob tyst, cof pob cof, hoedl pob hoedl,
Tawel ostegwr helbul hunan.

Nes dyfod o'r hollfyd weithiau i'r tawelwch
Ac ar y ddau barc fe gerddai ei bobl,
A thrwyddynt, rhyngddynt, amdanynt ymdaenai
Awen yn codi o'r cudd, yn cydio'r cwbl,
Fel gyda ni'r ychydig pan fyddai'r cyrch picwerchi
Neu'r tynnu to deir draw ar y weun drom.
Mor agos at ei gilydd y deuem –
Yr oedd yr heliwr distaw yn bwrw ei rwyd amdanom.

O, trwy oesoedd y gwaed ar y gwellt a thrwy'r goleuni y galar
Pa chwiban nas clywai ond mynwes? O, pwy oedd?
Twyllwr pob traha, rhedwr pob trywydd,
Hai! y dihangwr o'r byddinoedd
Yn chwiban adnabod, adnabod nes bod adnabod.
Mawr oedd cydnaid calonnau wedi eu rhew rhyn.
Yr oedd rhyw ffynhonnau'n torri tua'r nefoedd
Ac yn syrthio'n ôl a'u dagrau fel dail pren.

Am hyn y myfyria'r dydd dan yr haul a'r cwmwl
A'r nos trwy'r celloedd i'w mawrfrig ymennydd.
Mor llonydd ydynt a hithau a'i hanadl
Dros Weun Parc y Blawd a Parc y Blawd heb ludd,
A'u gafael ar y gwrthrych, y perci llawn pobl.
Diau y daw'r dirhau, a pha awr yw hi
Y daw'r herwr, daw'r heliwr, daw'r hawliwr i'r bwlch,
Daw'r Brenin Alltud a'r brwyn yn hollti.

Daw'r Wennol yn Ôl i'w Nyth

Daw'r wennol yn ôl i'w nyth,
O'i haelwyd â'r wehelyth.
Derfydd calendr yr hendref
A'r teulu a dry o dref,
Pobl yn gado bro eu bryd,
Tyf hi'n wyllt a hwy'n alltud.
Bydd truan hyd lan Lini
Ei hen odidowgrwydd hi.

Hwylia o'i nawn haul y nef,
Da godro nis dwg adref.
Gweddw buarth heb ei gwartheg,
Wylofain dôl a fu'n deg.
Ni ddaw gorymdaith dawel
Y buchod sobr a'u gwobr gêl;
Ni ddaw dafad i adwy
Ym Mhen yr Hollt na mollt mwy.

Darfu hwyl rhyw dyrfa wen
O dorchiad y dywarchen,
Haid ewynlliw adeinllaes,
Gŵyr o'r môr gareio'r maes.
Mwy nid ardd neb o'r mebyd
Na rhannu grawn i'r hen grud.
I'w hathrofa daeth rhyfel
I rwygo maes Crug y Mêl.

Mae parabl y stabl a'i stŵr,
Tynnu'r gwair, gair y gyrrwr?
Peidio'r pystylad cadarn,
Peidio'r cur o'r pedwar carn;
Tewi'r iaith ar y trothwy
A miri'r plant, marw yw'r plwy.
Gaeaf ni bydd tragyfyth.
Daw'r wennol yn ôl i'w nyth.

Preseli

Mur fy mebyd, Foel Drigarn, Carn Gyfrwy, Tal Mynydd,
Wrth fy nghefn ym mhob annibyniaeth barn.
A'm llawr o'r Witwg i'r Wern ac i lawr i'r Efail
Lle tasgodd y gwreichion sydd yn hŷn na harn.

Ac ar glosydd, ar aelwydydd fy mhobl –
Hil y gwynt a'r glaw a'r niwl a'r gelaets a'r grug,
Yn ymgodymu â daear ac wybren ac yn cario
Ac yn estyn yr haul i'r plant, o'u plyg.

Cof ac arwydd, medel ar lethr eu cymydog.
Pedair gwanaf o'r ceirch yn cwympo i'w cais,
Ac un cwrs cyflym, ac wrth laesu eu cefnau
Chwarddiad cawraidd i'r cwmwl, un llef pedwar llais.

Fy Nghymru, a bro brawdoliaeth, fy nghri, fy nghrefydd,
Unig falm i fyd, ei chenhadaeth, ei her,
Perl yr anfeidrol awr yn wystl gan amser,
Gobaith yr yrfa faith ar y drofa fer.

Hon oedd fy ffenestr, y cynaeafu a'r cneifio.
Mi welais drefn yn fy mhalas draw.
Mae rhu, mae rhaib drwy'r fforest ddiffenestr.
Cadwn y mur rhag y bwystfil, cadwn y ffynnon rhag y baw.

Y Tŵr a'r Graig

I

Ôl hen ryfel a welais,
Y cysgod trwm lle cwsg trais,
Tua'r awyr tŵr eofn,
Yn ddu rhag yr wybren ddofn.
Ban a llym uwchben lli
Talgerth yng ngwynt y weilgi:
Ar dalar y wâr werin
Balch ei droed – heb weilch y drin.
Er y chwyldro, ucheldrem
Yw'r syth ei lun. Mae'r saeth lem
O wythi yw byw bwâu?
Mae'r oerfain wayw? Mae'r arfau?
Mae hil orchfygol Gwilym?
Mae'r aerwyr, llu? Mae'r iarll llym?

II

Moel gadarn draw, ac arni
Garreg hen. Y graig, hyhi
Ar welw fin yr wybrol fôr,
Maen garw er mwyn y goror,
A llun dan gymylau llwyd
Yn air praff a ŵyr proffwyd.
Câr y maen a'i hadwaeno;
Difalch a thlawd fel brawd bro
Uwch ei ofal, a chyfyd
Ein baich dros rimyn y byd.
A llefair y gair o'r garn
Erys hwy na'r oes haearn.

III

Gyr glaw ar y garreg lom.
Yn ei sgil fel nas gwelom
Daw'r trais a'i gwad i'w adeg
O'r tŵr tost ar y tir teg
Lle trig dychweledigion
Hil a thras i hawlio'u thrôn.
Cwyd o'r tŵr, tra cydir tid,
Arwyddair 'Hedd a Rhyddid'
Gan y gwŷr a'n dygai'n gaeth
Ym mrwydr eu hymerodraeth.
I'r hygred boed eu rhagrith
Adwaen rhain o dan y rhith.
Rhaid mai yn unrhyw ydynt –
Tras y gwŷr a'n treisiai gynt.

IV

Gyr glaw ar y garreg lwyd –
Cyn bod ciwdod y'i codwyd.
Trosti'r gwynt i'w hynt a hed,
Y ddaear dani a ddywed:
'Yr un yw baich gwerin byd,
Un hawlfraint ac un delfryd.
Cânt o'r tir âr y bara,
Trônt gyfwerth fy nerth, fy na
Â'u trafael yn y trefi
A than hwyliau llongau lli.
Pob peth a roddo pob pau
Pwy ond fy mhlant a'u piau?
Er gormes o'r tŵr gwrmwawr
A roddai gam i'r fam fawr.'

V

Yr un yw baich gwerin byd,
A'i rhodfa i'r un rheidfyd.
Pwy a frud pa rai ydym?
Pwy a ry iaith, pa rai ŷm?
Ai brith bererinion bro
Am un cetyn yn cwato
Dan bebyll cant o ddulliau
Ar gytir y gwir a'r gau,
Yn ceisio gwlad eu pader
A'u hantur syn, hwnt i'r sêr?
Ai megis mwg – oes i mi
Hafal i'n hoed yn oedi
Uwch y tân yn dyrch tenau
O'n pebyll i'r gwyll yn gwau?
Pŵl yw y mwg – pa le y mae?
Ond llais a glywais yn glir
O hir wrando ar weundir,
Eilwers â chân rhyw wersyll
A gwawr eu tân yn y gwyll.
Peidiai rhyfel a'i helynt,
Peidiai'r gwae o'r pedwar gwynt
Pe rhannem hap yr unawr,
Awyr las a daear lawr.
Oer angen ni ddôi rhyngom
Na rhwyg yr hen ragor rhôm
Pe baem yn deulu, pob un,
Pawb yn ymgeledd pobun;
Awen hen a ddeuai'n ôl,
Hen deimladau ymledol
O'r hoff foreau traphell
Ac aelwyd gynt. Golud gwell.

VI

Yr un yw baich gwerin byd
A'i thrafael aruthr hefyd
Yw esgor ar y gorau,
A'r hedd a fyddo'n parhau.
Rhwng pob ciwdod, pan godan'
'R un tŷ, 'r un to, i'r un tân.
Deir waith cymrodyr di-ri
Yw ei lawr a'i bileri.
Ac nis edwyn hil milwyr
Na'r darian dân na'r dwrn dur,
Na'r heidiau ar ehedeg,
A'u rhu ar yr awyr, a'u rheg.
Os tyr argae yr haearn
Gwêl y sêr un gwely sarn.
Onid hynt y gwynt a'i gwed?
Yn y glaw cawn ei glywed.
Gyr glaw ar y garreg lom,
Trewir yr oerias trwom.
Ai teg swcwr y tŵr tau?
Na rwyder dy ddelfrydau.
Rhyfel pob un rhyfelwr,
Pob gwaniad, taniad o'r tŵr
Yw eu hestron a'u distryw,
A'u hanrhaith ym mhob iaith yw,
Yr un mor rhonc o goncwest
Eu milwyr, pob gwŷr y gest.
A'u gwefl yn diferu gwin
A'r gair i iro gwerin.
Ein gras, hen werin y graith –
Nid eu gwin, nid eu gweniaith
Pond mwy, pêr y tyf erom
Y grug a'i liw dan graig lom?

VII

Y grug a'i liw dan graig lom
A rydd ei arwydd erom.
Y grug a lŷn wrth graig las
Pa wyrth hen eu perthynas?
Y grug a dyf wrth graig dal,
Y mab triw ym mhob treial.
Blodyn y llu cu, cywir
Hyfrydwch, tegwch y tir,
Anwyled y dywedi
'Un dlawd yw fy nghenedl i,
Y llinach nobl – pobl eu pau,
Na rusir yn yr oesau,
Dan wrysg pob canrif ddifarw,
Yn wraidd gwydn yn y pridd garw.
Hynafiaid! a'u rhaid a'u rhan,
Eu crefft wych, eu crofft fechan,
Eu gwaith hir, eu gwythi iach,
Cur rhent eu herwau crintach.'
Bu dadwreiddio prysg llusgoed
A thynnu, gwn, eithin goed,
A bwrw o ael llethr y bryn
Rwydwaith y ceinciog redyn.
Tyaid yn pilio'r tyweirch
Ac yma mae y cae ceirch;
Ffin cerrig dan hen frigau,
A'r mawn a'r pridd i'w trymhau,
Neu'r hen glawdd dan ddrain gloywddu
Lle siffrwd y cnwd i'r cnu –
Anian odanom, ennyd.
Yr un yw baich gwerin byd.

VIII

Un dlawd yw fy nghenedl i.
Rhoddwyd cyflawnder iddi.
Cyntaf traul haul o'i olud
A geidw ei maen, yn haen hud –
Dan y pridd caed yn parhau
Wyrth ei wres, nerth yr oesau.
Troes yn nos na bu duach
Frwydr y byd i frodyr bach.
Deg a deuddeg oed oeddynt
Yn mynd ymaith i'r gwaith gynt.
Mynd ar eu mentr, trwy'r pentref –
O rug rhydd dan y graig gref.
Gado'r mawn gyda'r mynydd
Ac wedi'r daith gado'r dydd
A hynt haul ni chaent weled
Ond dydd Crist y gwledydd Cred.
Diolch Raib, am saib Saboth;
Daeth inni y gri o'r groth,
Yr hir lais, yr her ar led
O'r cwm cul a'r cam caled:
'Aeth y coch o foch fechan!
Mae'r gwych yn gorthrymu'r gwan.
Brad yw wynebu ar hedd,
Deled awr y dialedd.
Awn i ganol eu golud.
Rhown i'w barn fawrion byd.'
O ddreng le fe ddring i lan
I'r awyr dan yr huan,
Â i'w belltaith, fab alltud.
Yr un yw baich gwerin byd.

IX

Un dlawd yw fy nghenedl i.
Rhoddwyd y gorau iddi.
Pa sawl gormes ar Iesu
Yma yng nghnawd ei dlawd lu?
E' rodd i'w rai ei ryddid.
O rug, boed balchach dy wrid.
Pan hyrddiodd teyrn a theyrnas
Gwrs waedd grym i'w gorsedd gras,
Bu gwerin yn penlinio
Wrth ffwrm fraisg buarth fferm fro,
Rhwydd a hael y rhoddai hon
Ysgubor rhag esgobion.
Ni phlyg cadernid ei phlant
Nac i bôr nac i'w beiriant.
Dros ei haddef bu'n sefyll
Y garreg yn deg ei dull,
A'r grug hardd a'r garreg hon
Gydia'r dewr gyda'r dirion
A dal yn yr anwel did
Hen wedd yr hedd a rhyddid.
Hwy, yn araf drwy lafar
Fu'n torri â gwŷdd ein tir gwâr
Er trais awr, tros eu herwau
Â'r gair hen a'r gwŷr i'w hau.
Heuwn, o'r gred a gredom,
A gwŷr a glyw dan graig lom,
Y deffro trwy'r credoau
A'r rhin sydd yn arddel yr hau
Hyd aelfro dawel delfryd.
Yr un yw baich gwerin byd.

X

Llid a ddygyfor pôr pau,
Daw o'r ogof y dreigiau,
Daw'r ymffrost o'r darostwng
O warth y tir, nerth y twng.
Wele ysbail ysbeiliad
Ar wythi glo, ar waith gwlad
Cadw'n dlawd ein brawd un bru,
Taled yn awr y teulu.
O, aed gwaedd ar hyd y gwynt
A'r tŵr a lysai'r taerwynt,
Ond y graig a wrendy gri
A'i holrhain trwy'r cymhelri.
Gyr glaw ar y garreg lom.
Yn y dryswch saif drosom
Fam dirion i'n tirioni,
O, hael a hawddgar yw hi.

XI

Pwy blannai ddur traeturiaeth
Ym mron y fam a ran faeth,
Onid ychydig anwyr
Yn gwael hocedu ein gwŷr?
Ym mhob gwlad mi a'u hadwaen,
Nid oes tir nad yw â'u staen.
Tagent, fel torri tegan
Bob hen genedl chwedl a chân
Er codi tŵr eu ciwdod
Yn rhemp dan amynedd y rhod
I'r her herodrol olaf
A brig eu gwareiddiad braf.
Dydd eu cad, dydd eu codwm,
Ple'r âi'r plant o'r pla a'r plwm?

XII

A leda'r hwyrnos drosom?
Gyr glaw ar y garreg lom,
Eithr erys byth ar ros bell.
Gostwng a fydd ar gastell,
A daw cwymp ciwdodau caeth,
A hydref ymherodraeth.
O, mae gwanwyn amgenach
Ar hyd y byd, i rai bach.
Deryn cerdd dyro naw cân
I gadlas o hen goedlan –
Corsen frau'n crasu'n y fro
Yw y tŵr, cyn y torro.
Echdoe ni bu ei uchder
Ac ni wiw heddiw ei her.
Mwy na'i lu yw maen y wlad,
Na haearn – ei dyhead
Ac awen y dragywydd
Wybren, draw, lle daw lliw dydd.
A gobaith uwchlaw gwybod.
Awyr, cân. O ddaear cod
Y fyddin lân ddifaner
Is sicr wyliadwriaeth sêr,
Ymhell uwch rhyddid fy mhau
A lli'r haul a'r lloer olau:
Nerth bywyd pob tud, pob tâl,
Tawel foes yr oes risial.

Oherwydd Ein Dyfod

Oherwydd ein dyfod i'r ystafell dawel,
Yn yr ogof ddiamser yr oedd,
A'n myned allan i fanfrig gwreiddiau
Ac i afalau perllannoedd;
A'n myned allan trwy'r wythïen dywyll
I oleuni yr aelwydydd
A mi'n dilyn y galon gynnes
Seren fy nos a rhin fy nydd . . .

A chusan yn dychwel hyd bob seren
Eigion yr archipelágo,
A dwyfron yn adnewyddu daear
A dwy fraich yn gysgod y fro;
Oherwydd ein dyfod i'r tŷ cadarn
A'i lonydd yn sail i lawenydd ein serch
A dyfod y byd i'r dyfnder dedwydd
O amgylch sŵn troed fy eurferch.

Y Tangnefeddwyr

Uwch yr eira, wybren ros,
    Lle mae Abertawe'n fflam.
Cerddaf adref yn y nos,
    Af dan gofio 'nhad a 'mam.
Gwyn eu byd tu hwnt i glyw,
Tangnefeddwyr, plant i Dduw.

Ni châi enllib, ni châi llaid
    Roddi troed o fewn i'w tre.
Chwiliai 'mam am air o blaid
    Pechaduriaid mwya'r lle.
Gwyn eu byd tu hwnt i glyw,
Tangnefeddwyr, plant i Dduw.

Angel y cartrefi tlawd
    Roes i 'nhad y ddeuberl drud:
Cennad dyn yw bod yn frawd,
    Golud Duw yw'r anwel fyd.
Gwyn eu byd tu hwnt i glyw,
Tangnefeddwyr, plant i Dduw.

Cenedl dda a chenedl ddrwg –
    Dysgent hwy mai rhith yw hyn,
Ond goleuni Crist a ddwg
    Ryddid i bob dyn a'i myn.
Gwyn eu byd, daw dydd a'u clyw,
Dangnefeddwyr, plant i Dduw.

Pa beth heno, eu hystad,
    Heno pan fo'r byd yn fflam?
Mae Gwirionedd gyda 'nhad
    Mae Maddeuant gyda 'mam.
Gwyn ei byd yr oes a'u clyw,
Dangnefeddwyr, plant i Dduw.

Angharad

Dros lawer y pryderai
Liw nos, a chydlawenhâi,
Synhwyro'r loes, uno â'r wledd,
Yn eigion calon coledd.
I'w phyrth deuai'r trafferthus
A gwyddai'r llesg ddôr ei llys.
Gŵn sgarlad Angharad oedd
Hyd ei thraed, o weithredoedd.

Dwyn helbulon y fron frau,
Trwy'i chyfnerth trechu ofnau.
Ar ei glin y bore glas
Rhôi ei diwrnod i'r Deyrnas,
A rhoi symledd ei heddiw
Yn win i'r Brenin a'r briw.
Ymorol am Ei olud,
Ail-greu â'i fawl ddi-lwgr fyd.
Chwaer haul a chwaer awelon,
Chwaer i'r dydd lle chwery'r don,
A chwaer i'r sêr pryderus
Gan arial gofal eu gwŷs.

Torri dig a chenfigen,
Iacháu â ffrwythau ei phren,
Lledu'n rhad y llydan rodd.
Hen ing a'i llawn ehangodd,
Hiraeth yn tystiolaethu
O'i wraidd dwfn yn y pridd du.
Rhoddai i Dduw o'r ddwy wedd,
Ing a hoen yn gynghanedd.
Rhôi i ni yn awyr Nêr
Offeiriadaeth ei phryder.

Gyfaill, Mi'th Gofiaf

Gyfaill, mi'th gofiaf,
Dy ben heulwen haf
A glyn y gaeaf galon gywir.
Ym mhob dyn mab dau
Gwelit y golau
Ac yng nghraidd y gau angerdd y gwir.

Llawr hud lle rhodiem
A gwawr fel gwawr gem
Am a ddadleuem oedd dy lewych.
Anian eneiniog
Isel dywysog
Yn ein Tir Na n-Óg. Yno tau'r nych.

Dy chwerthin, gwin gwydr
Palas y pelydr
Pan lenwit ti fydr. Pan lunit fyd
Hyder mawr dramâu
Gweld byw, gweld beiau,
Diogel faddau, dy gelfyddyd.

Rhin bardd trwy straen byd,
Treiddfa tua'r rhwyddfyd.
Ei dŵr a gyfyd wedi'r gofal,
Arffed i orffwys.
A chân a'i chynnwys
Hoen y Baradwys, hen wybr Idwal.

Yr Hen Allt

Wele, mae'r hen allt yn tyfu eto,
   A'i bywyd yn gorlifo ar bob tu
Serch ei thorri i lawr i borthi uffern
   Yn ffosydd Ffrainc trwy'r pedair blynedd ddu.

Pedair blynedd hyll mewn gwaed a llaca,
   Pedair blynedd erch 'mysg dur a phlwm –
Hen flynyddoedd torri calon Marged,
   A blynyddoedd crino enaid Twm.

Ond wele, mae'r hen allt yn tyfu eto
   A'i chraith yn codi'n lân oddi ar ei chlwy . . .
A llywodraethwyr dynion a'u dyfeiswyr
   Yn llunio arfau damnedigaeth fwy.

O'r hen allt fwyn, fe allwn wylo dagrau,
   Mor hyfryd-ffôl dy ffydd yn nynol ryw,
A'th holl awyddfryd, er pob gwae, yn disgwyl,
   Yn disgwyl awr datguddiad Meibion Duw.

Tri Bardd o Sais a Lloegr

I

Pen pencerdd serch trwy'r rhwyg sy'n rhoi
Calon a chalon am y glyn,
A'i Dduw'n gysgadur diddeffroi,
Yn dduw na wêl na'i ddu na'i wyn.

Haf ar y rhos wrth gefn ei dŷ
A dim ni syfl, yr hir brynhawn.
A disgwyl beth, O, lonydd lu,
Banadl a bedw a chyrs a chawn?

A dyr y Tosturiaethau, yn un
 chôr yr Oesoedd ar Ei glyw
A throi'n orfoledd? . . . Beth yw dyn?
A ddeffry ef ym meddwl Duw?

II

Medi ar feysydd hen Caer Wynt
A'r hwyr yn gwynnu sofl yr haidd.
O, Loegr, pan êl dy her i'w hynt
Hyn wyt i'th Greawdr yn dy graidd.

Yma un Medi daeth dy gawr
Pum troedfedd, sicr ynghanol sen.
A gwanwyn oedd y dyddiau mawr
A bery byth yn nail ei bren.

Dyheai'r haul cyn mynd i'r cudd
A hidlai'r hwyr yr adliw rhos.
A dôl i harddwch oedd y dydd.
A glyn gwneud enaid oedd y Nos.

III

Ynghwsg y mae'r gweirgloddiau mawr
Lle llusg hen afon Ouse trwy'r llaid,
Ac felly'r oeddynt yn yr awr
Y ciliodd ef fel hydd o'r haid.

Ond yn ei encil clywodd lef
Ei frodyr dan yr isel frad –
Y caethwas du ymhell o'i dref
A'r caethwas gwyn ym mryntni'r gad.

Ac o'r tawelwch, wrtho ei hun,
Heriodd â'i gerdd anwaraidd gôr,
A'i freuder dros frawdoliaeth dyn
Trwy ddirgel ffyrdd yr Arglwydd Iôr.

IV

Nid am dy fawrion, Loegr, ychwaith,
Rhoddaf fy niolch iti'n awr,
Am iti dorri'r hyfryd iaith
A mi, yn fy mlynyddoedd mawr,

A'th adar cerdd a dail y coed
Yn canu o gylch fy Linda lon,
Cydganu â mi amdani hi
Yn dwyn y fraint o dan y fron.

Megis pan gyfyd haul ar fryn
Ac estyn obry rodd ei wres
A rhoi ei baladr gloyw trwy'r glyn
A phuro'r tarth a pheri'r tes.

Cwmwl Haf

'Durham', 'Devonia', 'Allendale' – dyna'u tai
A'r un enw yw pob enw,
Enw'r hen le a tharddle araf amser
Yn yr ogof sy'n oleuach na'r awyr
Ac yn y tŷ sydd allan ymhob tywydd.

Bwrw llond dwrn o hedyddion yma a thraw
I alw cymdeithion y dydd,
Yn eu plith yr oedd anrhydedd llawer llinach.
Henffych i'r march mawr teithiol dan ei fwa rhawn,
A'i gerddediad hardd yn gywydd balchder bonedd,
Ninnau'n meddwl mai dangos ei bedolau yr oedd.

Ac wele i fyny o'r afon
Urddas wâr, urddas flith, fel y nos,
Yn plygu'r brwyn â'i chadair
Ac yn cario'r awyr ar ei chyrn.
Ac yn ein plith ni, arglwyddi geiriau, yr oedd rhai mwy
Na brenhinoedd hanes a breninesau.
Ym mhob tywydd diogelwch oedd y tywydd.
Caredigrwydd oedd y tŷ.

Unwaith daeth ysbryd cawr mawr i lawr
Trwy'r haul haf, yn yr awr ni thybioch,
Gan daro'r criw dringwyr o'u rhaffau cerdd,
Nid niwl yn chwarae, na nos yn chwarae,
Distawrwydd llaith a llwyd,
Yr un sy'n disgwyl amdanom,
Wele, fe ddaeth, heb ddod.
Caeodd y mynyddoedd o boptu'r bwlch,
Ac yn ôl, yn ôl
Fel blynyddoedd pellhaodd y mynyddoedd
Mewn byd oedd rhy fud i fyw.
Tyfodd y brwyn yn goed a darfod amdanynt
Mewn byd sy'n rhy fawr i fod.
Nid oes acw. Dim ond fi yw yma
Fi
Heb dad na mam na chwiorydd na brawd,
A'r dechrau a'r diwedd yn cau amdanaf.

Pwy wyf i? Pwy wyf i?
Estyn fy mreichiau ac yno, rhwng eu dau fôn
Arswydo meddwl amdanaf fy hun,
A gofyn gwaelod pob gofyn:
Pwy yw hwn?
Sŵn y dŵr. Bracsaf iddo am ateb.
Dim ond y rhediad oer.

Trwy'r clais adref os oes adref.
Swmpo'r post iet er amau,
Ac O, cyn cyrraedd drws y cefn,
Sŵn adeiladu daear newydd a nefoedd newydd
Ar lawr y gegin oedd clocs mam i mi.

Dau Gymydog

I

Pa ddyn mwy diddan dan ei do
Yn llunio cafn y llwy?
Pe peidiai twca John Pen Sarn
Nid ofnai masarn mwy.

Ond mwy na'i lwy yw mêl ei gell,
A phell tu hwnt i fferm,
Ef piau'r meillion gwyn a'r grug
A'i dug yn ôl ei derm.

Ond mwy na'r mêl o dan ei drem
Yw'r anthem yn y Rhyd.
O, llawer, llawer mwy na'r mêl.
Er hyn nid mêl i gyd.

II

Gŵr cynffon y cynhaeaf gwair,
A gair trwy'r cwm i gyd
Am golli cyfle'r tywydd braf,
A'r olaf gyda'r ŷd.

Ond daeth i'w deyrnas heddiw'r dydd
Pa ledrith sydd lle syrth
Cwmwl a chwmwl, cnaif a chnaif
O dan y gwellaif gwyrth?

Gwell torri'r cnu na'r cnydau, medd,
A sylwedd mwy na sofl
Yw teimlo teimlo dan law clod
A gwybod yn y gofl.

Daffodil

Y cledd gwych ar y clawdd gwâr,
Llyfnwyrdd yw, llafn o'r ddaear,
Arf bro i herio oerwynt,
Er lliw a chân gwân y gwynt.
Mae gwedd rhwng llawer cledd clau,
Antur llu, cynta'r lliwiau
Trwy fwnwgl main o'r wain wyw
Tua'r chwedail, torch ydyw;
Prydferthwch bro, deffroad
Melyn gorn ym mlaen y gad.

Twm Dili, bachgen pennoeth,
Yn lle cap myn y lliw coeth.
Wedi'r dasg, wedi'r disgwyl
Mawrth a'i rhydd ym mhorth yr hwyl.
Hir erys yn yr oerwynt
Chwery'r gêm â chewri'r gwynt.
Chwardd y gwydn serch hwrdd i'w gorff,
Bid lawen, fachgen, wychgorff.
Mynnai capten mewn cyptae
Ddeng ŵr fel campwr y cae.

Ledia i maes, Ladi Mawrth,
Ymannerch, eurferch oerfawrth,
Ni faidd ond lili wen fach
O'th flaen, ni thyfai lanach.
Atolwg, dwg ar dy ôl
Do mawr yr ardd dymhorol,
Hyd Ŵyl 'Hangel dawelaf
A'i pherl hwyr a'i Ffarwel Haf,
A gwig adfail, gwag ydfaes.
Ladi Mawrth, ledia i maes.

Eirlysiau

Gwyn, gwyn
Yw'r gynnar dorf ar lawr y glyn.
O'r ddaear ddu y nef a'u myn.
Golau a'u pryn o'u gwely pridd
A rhed y gwanwyn yn ddi-glwy
O'u cyffro hwy uwch cae a ffridd.

Pur, pur,
Wynebau perl y cyntaf fflur.
Er eu gwyleidd-dra fel y dur
I odde' cur ar ruddiau cain,
I arwain cyn y tywydd braf
Ymdrech yr haf. Mae dewrach 'rhain?

Glân, glân,
Y gwynder cyntaf yw eu cân.
Pan elo'r rhannau ar wahân
Ail llawer tân fydd lliwiau'r tud.
Ond glendid glendid yma dardd
O enau'r Bardd sy'n llunio'r byd.

Mowth-organ

Rho donc ar yr hen fowth-organ –
   'Bugeilio'r Gwenith Gwyn',
'Harlech', neu 'Gapten Morgan',
   Neu'r 'Bwthyn ar y Bryn'.

'Dwy' i ddim yn gerddor o gwbwl,
   Ond carwn dy weld yn awr –
Dy ddwylo yn cwato'r rhes ddwbwl,
   A'th sawdl yn curo'r llawr.

A'r nodau'n distewi yn araf,
   Neu'n dilyn ei gilydd yn sionc –
Rhyw hen dôn syml a garaf;
   Mae'r nos yn dawel. Rho donc.

Yn y Tŷ

(i D.M.J.)

Yn y tŷ mae calon cwm;
Yn y tŷ diffeithia'r ffenestr.
Cerddodd Elw oddi yma'n drwm,
Dug ei lwyth a gado'i lanastr;
Gwasgu ei well ag offer llwgr,
Myned tua llawntiau Lloegr.

Yn y tŷ bu cuddio'r cam.
Palmwydd rhag yr anial hwnt
Oedd y gegin, y gofal am
Lawer ffril y parlwr ffrynt.
Unig ydyw drych y dref
Ers blynyddoedd, neb ond ef.

Rhued storom, ni rwyddheir
Yn y tŷ mo'r awyr fwll:
Rhoddodd Elw ar gaethwas deir
Gaethach hual, haint y pwll;
Yn y tŷ mae lladron nerth,
Ar y llawr mae rhiwiau serth.

Yn y tŷ mae perl nas câi
Elw, pe chwiliai'r llawr a'r llofft.
Ef a'i piau, nis marchnatâi:
Awydd creu, amynedd crefft:
Yn y tŷ mae gwedd a gwib
Y mesurau a'r 'Vers Libre'.

Yn y tŷ mae Gwlad. Daw gwlith
O'i harhosol wybr i lawr,
Mynych ddyfod siriol rith
Yma, o'r blynyddoedd mawr
Yn y tŷ, lle clymir clod
Bardd a beirdd oedd cyn ein bod.

Menywod

Pe meddwn fedr arlunydd byw
    Fel hen Eidalwyr 'slawer dydd
Fu'n taenu gogoniannau Duw
    Ar furiau coeth eglwysi'r Ffydd,
Mi baentiwn ddarlun Phebi'r Ddôl
Yn magu Sioni bach mewn siôl.

Pe medrwn gerfio maen â dawn
    Gymesur â'r hen Roegiaid gwych
A roddai osgedd bywyd llawn
    I garreg oer, ddideimlad, sych,
Mi gerfiwn wyneb Bet Glan-rhyd
Yn gryf, yn hagr, yn fyw i gyd.

Pe meddwn grefft dramodydd mawr
    I dorri cymeriadau byw,
A rhoi i'r byd ar lwyfan awr
    Ymdrech ddihenydd dynol-ryw,
'Sgrifennwn ddrama Sali'r Crydd
Yn lladd ellyllon ffawd â'i ffydd.

Fe lonnai Phebi'n wên i gyd
    Pan rown y darlun pert o'i blaen,
Ac ymfalchïai Bet Glan-rhyd
    Wrth weld ei hen, hen ben yn faen,
A dwedai Sali'n siriol: 'Twt!
Pa ddwli'n awr sydd ar y crwt?'

Eu Cyfrinach

Cyfrinach y teulu oedd yn eu caban,
Ac yn eu cyfrinach, cyfrinach Duw.
Arweinydd ni welent ond gwrid eu baban
A dweud yn unol 'Caiff ef fyw'.
Ac ofer oedd hyrddio yn erbyn eu drws
Rybudd Pharao. Yr oedd y rhieni'n
Gweled ei fod yn fachgen tlws
Ac nid ofnasant orchymyn y brenin.

Ef ni wyddai, er cymaint ei hyder,
Un ffordd i gwato perl eu serch.
Hithau, dri mis wedi'r esgor ar bryder
A luniodd ymwared, trwy ddyfais merch.
Ac ofer, Pharao, yw grym fel y gwres
A gair a all gynnull lluoedd fel tonnau.
Gorchfygwyd, yn awr, dy gerbydau pres
Gan ddyhead breichiau a bronnau.

O! Gymry, fy mhobl, gwybyddwch ein rheibio'n
Oesol wrth air Pharao brwnt.
Eto'n dalgryf y casgl ef eich meibion
I'w taflu i hap ei folrythi hwnt.
Tywalltodd ein cyfoeth i lestri ei wledd,
A'n hoedl, pa hyd? i'w lwth gwerylon.
Ond cipiwyd cenedl rhag ei bedd
Gan ddau a safodd yn bur i'r galon.

Bardd

Mae gennym fardd i ganu rhyddid Cymru.
A luniodd ef, nid oes un teyrn a'i tyr.
Pan dderfydd am y bodlon haearn bwrw
Pery ei gyhyrog haearn gyr,

Oherwydd crefft, a chrefft oherwydd angerdd.
Angerdd oedd y tân i'w gell ddi-gist
Y nosau a'r dyddiau dwfn y dug ei enaid
Anrhydedd craith carcharor Crist.

Pan dry ei fyw di-lamp yn fôr goleuni
A'i hen unigrwydd yn gymundeb maith,
Bryd hyn na alw'n dywyll, lygad diog,
Ddisgleirdeb gweddnewidiad iaith.

I'r Hafod

(*Trwy 'Bant Corlan yr Ŵyn'*)

Ar fore Clamai pêr yw cân
Y fronfraith fry a'r adar mân
Ond er mor lwys yw'r hendre lân
Mwy diddan fydd yr hafod.
I fyny'r awn o gysgod gwŷdd
Yn gwmni brwd heb neb yn brudd
I'r uchel ros a'r awel rydd
I'r gornant fach ar decach dydd
I'r mynydd mawr is nen lle cudd
Yr hedydd yn ei gafod.

Gorffennwyd gwaith y tymor hau
A dacw las yr egin clau
Pob un fel brath trwy'r priddyn brau,
Ein heisiau nid oes yma.
Mae'r da i'r buarth wedi eu hel
A'r lloi bach du a'r ŵyn bach del
A gŵyr pob ci a gŵyr pob cel
Pa hwyl sy'n llonni Nain a Nel
Bydd clep y chwip yn dweud Ffarwél
Nes dychwel cyn Clangaea.

Soned i Bedlar

Fe'i collais ef o'r ffordd, a chlywais wedyn
    Fod Ifan wedi cyrraedd pen y daith
Fel arfer, – heb ddim ffwdan anghyffredin,
    'Rôl brwydro storom fawr â'i grys yn llaith.
Ydy' e'n hwtran perlau ar angylion
    Ac yn eistedd yn y dafarn yn ddi-glwy
Wedi galw chwart o gwrw'r anfarwolion
    Cyn troi i mewn i'r 'ysguboriau mwy'?

Wel, 'wn i ddim. Nid oedd yn neb yn Seion;
    Ymddiried ffôl oedd ynddo'n fwy na'r Ffydd;
A chlywyd ef yn gweud yn y Red Leion,
    ''R un lliw â'r lleill yw gwawr y Seithfed Dydd',
A hefyd, 'doedd dim dal ar ei gareion
    Ac 'roedd ei stwds yn siŵr o ddod yn rhydd.

Elw ac Awen

I

Elw yn wallgof a'n tynnodd tua'r dibyn.
    Tynnodd y maes oddi tanom. Â'i hyll hwrdd
Tarawyd casgl y canrifoedd yn un stribyn.
    Cath wyllt y coed, mi gripiodd liain y bwrdd.
O! cwympodd ar y cerrig y llestri'n llanastr:
    Cartref cynefin – cawgiau bywyd a barn,
Eglwys a doc, pob dysgl, ac yn y dinistr
    Bara brawdoliaeth a gwin tosturi'n sarn.
Ac Elw a chwardd yn orffwyll: 'Ysgafnheais
    Fy maich, fy mwrdd. Ei wacter fydd ei werth
I genedl fy mympwy yn dal lle y dileais.
    Myfi yw Natur a'i chyntefig nerth!'
Na, awen y Crochenydd yw'r wreiddiol rin.
Caiff Awen rannu'r bara a gweini'r gwin.

II

Nid Elw piau'r hen ddaear ond mewn rhith.
    Dianc o'i grebach grap yr hylithr hael.
Rhedegog wythi'r gwynt a rhifedi'r gwlith
    Yw awen dyn, ac Elw a'u cyll o'u cael.
Pa fodd y lluniai'r llestr? O! nid adnebydd
    Mo'r gwlybwr gloywber: nis profodd ar ei fin.
Eistedd yn dwp a dal ei afael gybydd
    Nes dryllio'r gostrel gan athrylith y gwin.
Caiff Awen rannu awen. Tomen yn y cefn
    Fydd holl gyrbibion Elw, twmpath i'r plant,
Pan roir ein hystafelloedd traphlith mewn trefn
    A cherdded rhwng ei phebyll y Feistres Sant.
Hon piau'r ddaear i gyd, a'r gwaith a'r gêr,
A'i gobaith piau'r difancoll rhwng y sêr.

Adnabod

Rhag y rhemp sydd i law'r dadelfennwr
A gyll, rhwng ei fysedd, fyd,
Tyrd yn ôl, hen gyfannwr,
Ac ymestyn i'n hachub ynghyd.
Cyfyd pen sarffaidd, sinistr
O ganol torchau gwybod.
Rhag bradwriaeth, rhag dinistr,
Dy gymorth O! awen Adnabod.

Y mae rhin cydeneidiau'n ymagor
O'u dyfnder lle delych yn hael.
Mae ein rhyddid rhagor
Yn nhir dy ddirgelwch i'w gael.
Ti yw'r wyrth. Ti yw'r waddol
A geidw bob cymdeithas yn werdd.
Ti yw'r un gell dragwyddol
Yn ymguddio yng nghnewyllyn pob cerdd.

Dy dystion yw'r sêr, i'w hamseriad
Yn treiglo eu cylchoedd trwy'r cant –
Rhai clir fel cof cariad
A sicr fel dychymyg y sant.
Ti fo'n harf. Ti fo'n hynni.
Ti sy'n dangos y ffordd ddiffuant.
Tosturi rho inni
A'th nerth ar esgynfa maddeuant.

Ti yw'n hanadl. Ti yw ehedeg
Ein hiraeth i'r wybren ddofn.
Ti yw'r dwfr sy'n rhedeg
Rhag diffeithwch pryder ac ofn.
Ti yw'r halen i'n puro.
Ti yw'r deifwynt i'r rhwysg amdanom.
Ti yw'r teithiwr sy'n curo.
Ti yw'r tywysog sy'n aros ynom.

Er gwaethaf bwytawr y blynyddoedd
Ti yw'r gronyn ni red i'w grap,
Er dyrnu'r mynyddoedd,
Er drysu'n helynt a'n hap.
Ti yw'r eiliad o olau
Sydd â'i naws yn cofleidio'r yrfa.
Tyr yr Haul trwy'r cymylau –
Ti yw Ei baladr ar y borfa.

Nid oes yng ngwreiddyn Bod un wywedigaeth
Yno mae'n rhuddin yn parhau.
Yno mae'r dewrder sy'n dynerwch
Bywyd pob bywyd brau.

Yno wedi'r ystorm y cilia'r galon.
Mae'r byd yn chwâl,
Ond yn yr isel gaer mae gwiwer gwynfyd
Heno yn gwneud ei gwâl.

Diwedd Bro

Rhoed un dan lanw'r môr
   A saith a wnaed yn weddw
Heb derfysg wrth eu dôr
   Na malltod gwyliwr meddw.

Daeth cawod niwl fel rhwyd
   A deflir funud awr,
A'r lleidr ysgafnllaw llwyd
   O'r Foel i'r Frenni Fawr.

Taflwyd ei filmil magl
   A chwim fu'r miragl maith.
Ildiodd saith gantref hud
   Eu hysbryd, gyda'u hiaith.

Heb derfysg wrth eu dôr
   Rheibiwyd cartrefi gwŷr.
Hyd hyfryd lannau'r môr
   Mae llongau meibion Llŷr?

Pan ddaeth y golau claer
   Nid oedd na chaer na chell.
Cyn dristed oedd y saith
   Â'r paith anhysbys pell

Na chlybu acen bêr,
   Nas gwelodd neb ar hynt
Ond haul a lloer a sêr
   A'r di-greëdig wynt.

A'r ddau amddifad bro
   Dan dristyd hwnt i'r deigr,
Ebr ef, 'Awn ymaith dro',
   Ac aethant, parth â Lloegr.

Die Bibelforscher

Pwy fedr ddarllen y ddaear? Ond cawsom neges
Gan Frenin i'w dwyn mewn dirfawr chwys,
Ni waeth ai ymhell ai'n agos
Y seinio'r utgorn rhag Ei lys.
Trwy falais a chlais a chlwy
Gwrit y Brenin a ddygasant hwy.

Er na chwblhäer y ddaear ail i ddameg
A fflach dehongliad yn ei hwyr
Trwmlwythog, na dirháu'r dychymyg
Gwydr a thân is y ceyrydd cwyr,
Pur trwy ffieidd-dra'r ffald
Oedd eu tystiolaeth hwy yn Buchenwald.

Heb hidio am y drws a agorid
Os rhoent eu llaw i'r geiriau llwfr,
Sefyll rhwng cieidd-dra a'r pared,
Marw lle rhedai eu budreddi i'w dwfr,
Cyrraedd porth y Nef
A'u dyrnau'n gaeëdig am Ei ysgrif Ef.

Pwy fedr ddarllen y ddaear? Hyn a wyddom,
Tarth yw'r llu lle geilw'r llais.
Mae wybren lle'r â'n ddiddym
Rym yr ymhonwyr, trwst eu trais.
Lle cyfyd cân yr Oen
A gogoniant yr apocalups o'r poen.

Pa Beth yw Dyn?

Beth yw byw? Cael neuadd fawr
Rhwng cyfyng furiau.
Beth yw adnabod? Cael un gwraidd
Dan y canghennau.

Beth yw credu? Gwarchod tref
Nes dyfod derbyn.
Beth yw maddau? Cael ffordd trwy'r drain
At ochr hen elyn.

Beth yw canu? Cael o'r creu
Ei hen athrylith.
Beth yw gweithio ond gwneud cân
O'r coed a'r gwenith?

Beth yw trefnu teyrnas? Crefft
Sydd eto'n cropian.
A'i harfogi? Rhoi'r cyllyll
Yn llaw'r baban.

Beth yw bod yn genedl? Dawn
Yn nwfn y galon.
Beth yw gwladgarwch? Cadw tŷ
Mewn cwmwl tystion.

Beth yw'r byd i'r nerthol mawr?
Cylch yn treiglo.
Beth yw'r byd i blant y llawr?
Crud yn siglo.

Plentyn y Ddaear

Meddiannant derfyngylch y ddaear,
Treisiant ymylon y nef,
A dygent y gaethglud rithiedig
I'w huffern â baner a llef.
Cadwent yn rhwym wrth yr haearn
Hen arial y gïau a'r gwaed.
Doethineb y ddaear nis arddel
A gwyw fydd y gwellt dan eu traed.

Saif yntau, y bychan aneirif,
Am ennyd yn oesoedd ei ach
Heb weled deneued y nerthoedd
Pes gwypai ar bwys yr un bach.
Er drysu aml dro yn eu dryswch
Ni ildiodd ei galon erioed:
Adnebydd y ddaear ei phlentyn,
Blodeua lle dyry ei droed.

Daw dydd y bydd mawr y rhai bychain,
Daw dydd ni bydd mwy y rhai mawr,
Daw'r bore ni wêl ond brawdoliaeth
Yn casglu teuluoedd y llawr.
O ogofâu'r nos y cerddasom
I'r gwynt am a gerddai ein gwaed;
Tosturi, O sêr, uwch ein pennau,
Amynedd, O bridd, dan ein traed.

Dan y Dyfroedd Claear

Dan y dyfroedd claear
Huna'r gwaed fu'n dwym
Wele, fawrion daear,
Rai a aeth o'ch rhwym.
Wrth eich gwŷs a'ch gorfod
Dygwyd hwy o'u bro.
Rhyddid mawr diddarfod
Gawsant ar y gro.

Gwyn a du a melyn
Dan y môr ynghyd
Ni bydd neb yn elyn
Yn eu dirgel fyd.
Dan y dyfroedd claear
Cawsant eang ddôr.
Wele, fawrion daear,
Gariad fel y môr.

Cyrraedd yn Ôl

Safed ym mwlch y berth
   Filwr Mihangel.
Eirias uwch dwrn ei nerth
   Cleddyf yr angel.
Da oedd y gynnar lef:
   'Ymaith yr ei di.
Lle gwnelych mwy dy dref
   Trwy chwys bwytei di.'

Daeth i'n hymwybod wawl
   Rheswm deallus.
Cododd cydwybod hawl
   Uwch yr ewyllys.
Gweled ein gwir a'n gwael,
   Cychwyn y brwydro,
Myned o'n Heden hael
   Chwysu, a chrwydro.

Ym mhob rhyw ardd a wnawn
   Mae cwymp yn cysgu:
Dyfod rhagorach dawn,
   Methu â'n dysgu.
Cryfach ein gwir a'n gwael,
   A'r cwymp yn hyllach.
Diwedd pob Eden hael –
   Crwydro ymhellach.

Frodyr, yn arddu'r tir,
   Pa werth a wariom
Lle trecho'r gwael y gwir
   Cyd y llafuriom?
Gwag ein gwareiddiad gwych
   Sofl ei sustemau.
Wele, pan ddêl y nych
   Lludw yw gemau.

Diau un Eden sydd –
  Heibio i'r angel.
Gobaith i'n mentr a rydd
  Cleddyf Mihangel.
Er pleth ein gwir a'n gwael
  Hwn a'u gwahano!
Braf, wedi cyrraedd, cael
  Gwell Eden yno.

Cyfeillach

Ni thycia eu deddfau a'u dur
I rannu'r hen deulu am byth,
Cans saetha'r goleuni pur
O lygad i lygad yn syth.
Mae'r ysbryd yn gwau yn ddi-stŵr
A'r nerthoedd, er cryfed eu hach,
Yn crynu pan welont ŵr
Yn rhoi rhuban i eneth fach
I gofio'r bugeiliaid llwyd
A'u cred yn yr angel gwyn.
Ni'th drechir, anfarwol nwyd!
Bydd cyfeillach ar ôl hyn.

Gall crafangwyr am haearn ac oel
Lyfu'r dinasoedd â thân
Ond ofer eu celwydd a'u coel
I'n cadw ni'n hir ar wahân.
Ni saif eu canolfur pwdr
I rannu'r hen ddaear yn ddwy,
Ac ni phery bratiau budr
Eu holl gyfiawnderau hwy.
O! ni phery eu bratiau budr
Rhag y gwynt sy'n chwythu lle myn.
Mae Gair, a phob calon a'i medr.
Bydd cyfeillach ar ôl hyn.

Pwy sydd ar du'r angel yn awr,
A'r tywyllwch yn bwys uwchben?
Pererinion llesg ar y llawr,
Saint siriol tu hwnt i'r llen,
A miloedd o'n blodau, er eu bod
Yn y dryswch, heb chwennych chwaith –
Rhai yn marw dan grio eu bod
Yn y dryswch heb chwennych chwaith.
Cod ni, Waredwr y byd,
O nos y cleddyfau a'r ffyn.
O! Faddeuant, dwg ni yn ôl,
O! Dosturi, casgla ni ynghyd.
A bydd cyfeillach ar ôl hyn.

Y Geni

Mor ddieithr, coeliaf i, fuasai i Fair
   A Joseff ein hanesion disglair ni
Am gôr angylion ac am seren, am dair
   Anrheg y doethion dan ei phelydr hi.
Ni bu ond geni dyn bach, a breintio'r byd
   I sefyll dan ei draed, a geni'r gwynt
Drachefn yn anadl iddo, a'r nos yn grud,
   A dydd yn gae i'w gampau a heol i'w hynt.
Dim mwy na phopeth deuddyn – onid oes
   I bryder sanctaidd ryw ymglywed siŵr,
A hwythau, heb ddyfalu am ffordd y groes,
   Yn rhag-amgyffred tosturiaethau'r Gŵr,
A'u cipio ysbaid i'r llawenydd glân
Tu hwnt i ardderchowgrwydd chwedl a chân.

Almaenes

O'i boncyff tŷ, tros asglod tref,
Yn drigain oed, trwy'r gwyll i'w gwaith
Bob dydd yn mentro'r daith
Fel pe dihangasai'n galon gref
O'r ogof hunllef faith.

Dau fab yn farw ac un ar goll.
A ddychwel ef o lu ei wlad?
Ni chaiff na'i chwaer na'i dad.
"Rwyf yma'n disgwyl drosom oll.'
Teulu uwch cyfrgoll cad.

Pydew trwy'r graig i darddiant hedd.
Trwy'r niwl, y ddilys gloch ar glyw,
Ei rhan ym mwriad Duw.
Cymhwysach hi yn ôl ei gwedd
I fynd i'r bedd na byw.

Ond hi yw'r galon, mam pob gwerth,
A chraig merthyri, seren saint.
Ni thraetha'r môr ei maint.
Ateb, O fawredd. Gwisg dy nerth
Yn brydferth yn ei braint.

Yr Eiliad

Nid oes sôn am yr Eiliad
Yn llyfr un ysgolhaig.
Peidia'r afon â rhedeg
A gwaedda'r graig
Ei bod hi'n dyst
I bethau ni welodd llygad
Ac ni chlywodd clust.

Awel rhwng yr awelon
Haul o'r tu hwnt i'r haul,
Rhyfeddod y gwir gynefin
Heb dro, heb draul
Yn cipio'r llawr –
Gwyddom gan ddyfod yr Eiliad
Ein geni i'r Awr.

Cwm Berllan

'Cwm Berllan, un filltir' yw geiriau testun
    Yr hen gennad fudan ar fin y ffordd fawr;
Ac yno mae'r feidir fach gul yn ymestyn
    Rhwng cloddiau mieri i lawr ac i lawr.
A allwn i fentro ei dilyn mewn *Austin*?
    Mor droellog, mor arw, mor serth ydyw hi;
'Cwm Berllan, un filltir' sy lan ar y postyn –
    A beth sydd i lawr yng Nghwm Berllan, 'wn i?

Mae yno afalau na wybu'r un seidir
    Yn llys Cantre'r Gwaelod felysed eu sudd,
A phan ddelo'r adar yn ôl o'u deheudir
    Mae lliwiau Paradwys ar gangau y gwŷdd.
Mae'r mwyeilch yn canu. Ac yno fel neidir
    Mae'r afon yn llithro yn fas ac yn ddofn,
    Mae pob rhyw hyfrydwch i lawr yng Nghwm Berllan,
Mae hendre fy nghalon ar waelod y feidir –
    Na, gwell imi beidio mynd yno, rhag ofn.

Cofio

Un funud fach cyn elo'r haul o'r wybren,
   Un funud fwyn cyn delo'r hwyr i'w hynt,
I gofio am y pethau anghofiedig
   Ar goll yn awr yn llwch yr amser gynt.

Fel ewyn ton a dyr ar draethell unig,
   Fel cân y gwynt lle nid oes glust a glyw,
Mi wn eu bod yn galw'n ofer arnom –
   Hen bethau anghofiedig dynol ryw.

Camp a chelfyddyd y cenhedloedd cynnar,
   Aneddau bychain a neuaddau mawr,
Y chwedlau cain a chwalwyd ers canrifoedd
   Y duwiau na ŵyr neb amdanynt 'nawr.

A geiriau bach hen ieithoedd diflanedig,
   Hoyw yng ngenau dynion oeddynt hwy,
A thlws i'r clust ym mharabl plant bychain,
   Ond tafod neb ni eilw arnynt mwy.

O, genedlaethau dirifedi daear,
   A'u breuddwyd dwyfol a'u dwyfoldeb brau,
A erys ond tawelwch i'r calonnau
   Fu gynt yn llawenychu a thristáu?

Mynych ym mrig yr hwyr, a mi yn unig,
   Daw hiraeth am eich 'nabod chwi bob un;
A oes a'ch deil o hyd mewn Cof a Chalon,
   Hen bethau anghofiedig teulu dyn?

Brawdoliaeth

Mae rhwydwaith dirgel Duw
Yn cydio pob dyn byw;
Cymod a chyflawn we
Myfi, Tydi, Efe.
Mae'n gwerthoedd ynddo'n gudd,
Ei dyndra ydyw'n ffydd;
Mae'r hwn fo'n gaeth, yn rhydd.

Mae'r hen frawdgarwch syml
Tu hwnt i ffurfiau'r Deml.
Â'r Lefiad heibio i'r fan,
Plyg y Samaritan.
Myfi, Tydi, ynghyd
Er holl raniadau'r byd –
Efe'n cyfannu'i fyd.

Mae Cariad yn dreftâd
Tu hwnt i Ryddid Gwlad.
Cymerth yr Iesu ran
Yng ngwledd y Publican.
Mae concwest wych nas gwêl
Y Phariseaidd sêl.
Henffych y dydd y dêl.

Mae Teyrnas gref, a'i rhaith
Yw cydymdeimlad maith.
Cymod a chyflawn we
Myfi, Tydi, Efe,
A'n cyfyd uwch y cnawd.
Pa werth na thry yn wawd
Pan laddo dyn ei frawd?

Yn Nyddiau'r Cesar

Yn nyddiau'r Cesar a dwthwn cyfrif y deiliaid
    Canwyd awdl oedd yn dywyll i'w nerth naïf.
Ym Methlehem Effrata darganfu twr bugeiliaid
    Y gerddoriaeth fawr sy tu hwnt i'w reswm a'i rif.
Y rhai a adawai'r namyn un pump ugain
    Er mwyn y gyfrgoll ddiollwng – clir ar eu clyw
Daeth cynghanedd y dydd cyn dyfod y plygain
    Am eni bugail dynion, am eni Oen Duw.
Rai bychain, a'm cenedl fechan, oni ddyfalwch
    Y rhin o'ch mewn, nas dwg un Cesar i'w drefn?
Ac oni ddaw'r Cyrchwr atom ni i'r anialwch,
    Oni ddaw'r Casglwr sydd yn ein geni ni drachefn,
A'n huno o'n mewn yn gân uwchlaw Bethlehem dref?
Ein chwilio ni'n eiriau i'w awdl mae Pencerdd Nef.

Y Plant Marw

Dyma gyrff plant. Buont farw yn nechrau'r nos.
Cawsant gerrig yn lle bara, yn syth o'r ffyn tafl.
Ni chawsant gysgod gwal nes gorwedd yn gyrff.
Methodd yr haul o'r wybr â rhoddi iddynt ei wres,
Methodd hithau, eu pennaf haul, a'i chusan a'i chofl,
Oherwydd cerrig y byd, oherwydd ei sarff.

Gwelwch fel y mae pob ystlys yn llawer rhwgn;
Gwelwch feined eu cluniau a'u penliniau mor fawr,
Dyryswch i'w deall oedd methu eu 'Brechdan, mam'.
Aeth pylni eu trem yn fin i'r fron roesai'i sugn.
Ond yn ofer y canai iddynt yn hir ac yn hwyr
Rhag brath anweledig y sarff. Buont farw mewn siom.

Dyma gyrff y plant. Gwyn a du a melyn. Mae myrdd.
Llithra'r cawr gorffwyll yn sarffaidd heb si, i bob gwlad.
Lle tery ei oerdorch ef rhed rhyndod trwy'r awyr.
O, gan bwy cafodd hwn hawl ar y ddaear werdd?
Gan seren pob gwallgof, lloer y lloerig: 'Rhaid! Rhaid!'
Gwae bawb sydd yn ffaglu'r seren sy'n damnio'r ddaear.

Odidoced Brig y Cread

Odidoced brig y cread
Wrth ei lawr a'n cleiog lwybr
Lle mae gwreiddiau chwerw'r dyhead
Sy'n blodeuo yn yr wybr.
Cynneddf daear ei gerwinder,
Mamaeth greulon, mamaeth gref.
Bwriwn ar ei nerth ein blinder.
Tosturiaethau, deulu'r nef.
Na! Yr un gorchymyn ydoedd
Cychwyn sant y gwaeth a'r gwell;
Rhoed treftadaeth i'n hysbrydoedd
Yma'n agos fel ymhell.

Fry o'm blaen yn sydyn neidiodd
Seren gynta'r nos i'r nen,
A'i phelydriad pur ni pheidiodd
Rhwyll i'm llygaid yn y llen.
O! ddisgleirdeb, fel eiriolaeth,
Dros y pererinion blin
Ac anwyliaid eu mabolaeth
Yn ymrithio yn ei rin.
Ie, yr un gorchymyn ydoedd
Cychwyn sant y gwaeth a'r gwell;
Rhoed treftadaeth i'n hysbrydoedd
Yma'n agos fel ymhell.

Wele'r gloywder pell yn effro
I'w warchodaeth ar y byd,
Dawel wefr tu hwnt i gyffro,
Disgyn mwy i'm bron a'm byd.
Cilia, ddydd o'r glesni glanaf
Dychwel, eglurha, O hwyr!
Awyr denau, tyrd amdanaf
Rho i'r nos ei sicrwydd llwyr,
Cans yr un gorchymyn ydoedd
Cychwyn sant y gwaeth a'r gwell;
Rhoed treftadaeth i'n hysbrydoedd
Yma'n agos fel ymhell.

O Bridd

Hir iawn, O Bridd, buost drech
Na'm llygaid; daeth diwedd hir iawn,
Mae dy flodau coch yn frech,
Mae dy flodau melyn yn grawn.
Ni cherddaf. Nid oes tu hwnt,
Cerddodd dy dwymyn i'm gwaed,
Mi welais y genau brwnt
Yn agor a dweud, Ho Frawd,
Fy mrawd yn y pydew gwaed
Yn sugno'r wich trwy'r war,
Fy mrawd uwch heglau di-draed,
Bol gwenwyn rhwyd y cor.
A phwy yw hon sy'n lladd
Eu hadar yn nwfn y gwrych,
Yn taflu i'r baw'r pluf blwydd,
I'w gwatwar ag amdo gwych?
Ein mam, sy'n ein gwthio'n ein cefn,
Yn mingamu arnom trwy'r ffenestr,
Yn gweiddi, Ho dras, I'r drefn,
A chrechwenu uwchben y dinistr.

O bridd, tua phegwn y de
Y mae ynys lle nid wyt ti,
Un llawr o iâ glas yw'r lle,
A throed ni chyrhaedda na chri
I'w pherffaith ddiffeithwch oer,
Ond suo'r dymestl gref
A'r un aderyn ni ŵyr
Dramwyo diffeithwch ei nef,
Lle mae'r nos yn goleuo'r niwl
A'r niwl yn tywyllu'r nos,
Harddach nag ydoedd fy haul
Mabol ar ryddid fy rhos

Er chwipio'r gwyntoedd anghenedl
Ar wyneb di-ïau yr iâ
A churo'r cesair dianadl
Heb wneuthur na drwg na da.
Tu hwnt i Kerguelen mae'r ynys
Lle ni safodd creadur byw,
Lle heb enw na hanes,
Ac yno yn disgwyl mae Duw.

Cân Bom

Chwalwr i'r Chwalwr wyf.
Mae'r Codwm yn fy nghodwm.
Ofod, pa le mae Pwrpas
A'i annedd, Patrwm?

Cynllunia fi, ymennydd noeth.
Gwnewch fi, dim-ond dwylo
Dim-ond ystwythder ifanc
Caria fi yno.

Distaw y mae fy meistr
Yn datod cwlwm calon.
Aruthr y deuaf i
Yr olaf o'i weision.

Ef yw'r pryf yn y pren,
Gwahanglwyf y canghennau.
Mi a'u hysgubaf i dân
Ecstasi angau.

Bydd Ateb

Hen ŵr Pencader, ple mae'n pryderon?
Y cri eofn tost, croywaf ein tystion,
Goleui'n ffenestr a gloywi'n ffynnon
A bywhei ein tân yn bentewynion.
Gair hyf yn y fangre hon – oedd dy waith.
Fe bery iaith a chartref y Brython.

Taer y du affwys, chwerw y tir diffaith,
Heuwn ein hyd ym mraenar dy araith,
A dygwn aberth yn frwd gan obaith.
Bu cynnau, a diffodd, llawer goddaith.
Pau amod na chwymp ymaith – bydd Cristion
Ei dawn – 'y gongl hon' – dan gengl ei heniaith.

Cans bydd cyffroi'r cof, ogof a egyr.
Bydd cynnal nerth a bydd canlyn Arthur.
Bydd hawlio'r tŷ, bydd ail alw'r towyr,
Bydd arddel treftâd yr adeiladwyr.
A'n henfoes yn wahanfur – lle bu rhwyll
Bydd cynnull ein pwyll, bydd cynllunio pur.

Gwlad inni roed. Bydd gweled anrhydedd,
Bydd ateb dros bob bro, a'n glo gloywedd,
A'n plwm a'n hwraniwm er mwyn rhinwedd
Rhag a wnaeth ryfel yn llawr i'w mawredd:
Lloegr yw hi, ni all greu hedd. – Atebwn
Dros y tir hwn: a than drawstiau'r annedd.

Hen ŵr Pencader, a'th grap yn cydio
Hen a newydd, bydd awen i'n hieuo,
Anadl i ateb, yn genedl eto.
Gwelaist er camrwysg las dir y Cymro
I haul Duw yn blodeuo – Hyn fo'n gwawd
Hyd yn nydd brawd, hyd yn niwedd brudio.

'Anatiomaros'

Dywedai, 'Gwelais dud trwy glais y don.'
   Dirhâi'r dychymyg Celtaidd trwy bob cur
Nes dyfod storm a'i chwalu; ac yn hon
   Ni adwyd iddo ond ei chwerwder pur.
Cerdded y godir garw, geol y byw
   Mewn môr diddiben. Ond mae craig lle tardd
Tosturi o'r wythïen nid â'n wyw.
   Yn ymyl hon cyflawnwyd baich y bardd.
Anatiomaros! Aeth o'n gwlad trwy'r glais.
   Yn y gerdd arwest, ar ei ysgwydd ef,
Uwchben y weilgi bûm; a sŵn ei lais
   I ni oedd dychwel i'r ddiadfail dref
Lle mae pob doe yn heddiw heb wahân
A churo gwaed yfory yn y gân.

Eneidfawr

Eneidfawr, nid cawr ond cyfaill, a'i nerth yn ei wên yn dygyfor
O'r gwaelod lle nid oes gelyn, yn tynnu trwy ruddin ei wraidd.
Siriol wrth weision gorthrymder fel un a'i rhyddhâi o'u hualau
A throednoeth trwy'u cyfraith y cerddodd i ymofyn halen o'r môr.
Nid digon oedd teml ei dadau i atal ei rawd â'i pharwydydd,
I ganol y carthwyr ysgymun â'i ysgubell a'i raw yr aeth
Gan gredu os un yw Duw, un ydyw dynion hefyd
Gan droedio hen dir adnabod lle chwyth awelon y nef,
Gan wenu ar geidwad y carchar ac arwain ei genedl allan,
Ei dosturi ef a'i casglodd a'i ddewrder ydoedd y ddôr,
Gan ymbil eto â'r rhwygwyr, hyd fawrdro y cyfarch a'r cofio,
Cododd ei law ar ei lofrudd a myned trwy'r olaf mur.

Wedi'r Canrifoedd Mudan

Wedi'r canrifoedd mudan clymaf eu clod.
Un yw craidd cred a gwych adnabod
Eneidiau yn un â'r rhuddin yng ngwreiddyn Bod.

Maent yn un â'r goleuni. Maent uwch fy mhen
Lle'r ymgasgl, trwy'r ehangder, hedd. Pan noso'r wybren
Mae pob un yn rhwyll i'm llygad yn y llen.

John Roberts, Trawsfynydd. Offeiriad oedd ef i'r tlawd,
Yn y pla trwm yn rhannu bara'r unrhawd,
Gan wybod dyfod gallu'r gwyll i ddryllio'i gnawd.

John Owen y Saer, a guddiodd lawer gwas,
Diflin ei law dros yr hen gymdeithas,
Rhag datod y pleth, rhag tynnu distiau'r plas.

Rhisiart Gwyn. Gwenodd am y peth yn eu hwyneb hwy:
'Mae gennyf chwe cheiniog tuag at eich dirwy',
Yn achos ei Feistr ni phrisiodd ef ei hoedl yn fwy.

Y rhedegwyr ysgafn, na allwn eu cyfrif oll,
Yn ymgasglu'n fintai uwchlaw difancoll,
Diau nad oes a chwâl y rhai a dalodd yr un doll.

Y talu tawel, terfynol. Rhoi byd am fyd,
Rhoi'r artaith eithaf am arweiniad yr Ysbryd,
Rhoi blodeuyn am wreiddyn a rhoi gronyn i'w grud.

Y diberfeddu wedi'r glwyd artaith, a chyn
Yr ochenaid lle rhodded ysgol i'w henaid esgyn
I helaeth drannoeth Golgotha eu Harglwydd gwyn.

Mawr ac ardderchog fyddai y rhain yn eich chwedl,
Gymry, pe baech chwi'n genedl.

Gŵyl Ddewi

Ar raff dros war a than geseiliau'r sant
    Tynnai'r aradr bren, a rhwygai'r tir.
Troednoeth y cerddai'r clapiau wedyn, a chant
    Y gŵys o dan ei wadn yn wynfyd hir.
Ych hywaith Duw, ei nerth; a'i santaidd nwyd –
    Hwsmon tymhorau cenedl ar ei lain.
Llafuriai garegog âr dan y graig lwyd,
    Diwylliai'r llethrau a diwreiddio'r drain.
Heuodd yr had a ddaeth ar ôl ei farw
    Yn fara'r Crist i filoedd bordydd braint.
Addurn ysgrythur Crist oedd ei dalar arw
    Ac afrwydd sicrwydd cychwyniadau'r saint.
Na heuem heddiw ar ôl ein herydr rhugl
Rawn ei ddeheulaw ef a'i huawdl sigl.

Rhannodd y dymp a'r drôm bentir y sant
    Ac uffern fodlon fry yn canu ei chrwth,
A'i dawnswyr dof odani yn wado bant
    Wrth resi dannedd dur y dinistr glwth.
Tragwyddol bebyll Mamon – yma y maent
    Yn derbyn fy mhobl o'u penbleth i mewn i'w plan,
A'u drysu fel llysywod y plethwaith paent
    A rhwydd orffwylltra llawer yn yr un man.
Nerth Dewi, pe deuai yn dymestl dros y grug
    Ni safai pebyll Mamon ar y maes;
Chwyrlïai eu holl ragluniaeth ffun a ffug,
    A chyfiawnderau'r gwaed yn rhubanau llaes,
A hir ddigywilydd-dra a bryntni'r bunt
Yn dawnsio dawns dail crin ar yr uchel wynt.

Cymru'n Un

Ynof mae Cymru'n un. Y modd nis gwn.
    Chwiliais drwy gyntedd maith fy mod, a chael
Deunydd cymdogaeth – o'r Hiraethog hwn
    A'i lengar liw; a thrwy'r un modd, heb ffael,
Coleddodd fi ryw hen fugeiliaid gynt
    Cyn mynd yn dwr dros war y Mynydd Du,
A thrinwyr daear Dyfed. Uwch fy hynt
    Deffrowr pob cyfran fy Mhreseli cu.
A gall mai dyna pam yr wyf am fod
    Ymhlith y rhai sydd am wneud Cymru'n bur
I'r enw nad oes mo'i rannu; am ddryllio'r rhod
    Anghenedl sydd yn gwatwar dawn eu gwŷr;
Am roi i'r ysig rwydd-deb trefn eu tras.
Gobaith fo'n meistr: rhoed Amser inni'n was.

Caniad Ehedydd

Ymrôf i'r wybren
Yn gennad angen
Fel Drudwy Branwen
    Yn nydd cyfyngder.
Codaf o'r cyni
A'm cân yn egni
Herodr goleuni
    Yn yr uchelder.

Disgyn y gloywglwm
Hyd lawer dyfngwm
Lle rhoddodd gorthrwm
    Gleisiau ar geinder.
Gwiwfoes yr oesoedd
Hardd yr ynysoedd,
Branwen cenhedloedd
    Codaf i'w hadfer.

Bydd mwyn gymdeithas,
Bydd eang urddas,
Bydd mur i'r ddinas,
    Bydd terfyn traha.
Eu Nêr a folant
Eu hiaith a gadwant,
Eu tir a gollant
    Ond gwyllt Walia.

Yr Heniaith

Disglair yw eu coronau yn llewych llysoedd
A thanynt hwythau. Ond nid harddach na hon
Sydd yn crwydro gan ymwrando â lleisiau
Ar ddisberod o'i gwrogaeth hen;
Ac sydd yn holi pa yfory a fydd,
Holi yng nghyrn y gorllewinwynt heno –
Udo gyddfau'r tyllau a'r ogofâu
Dros y rhai sy'n annheilwng o hon.

Ni sylwem arni. Hi oedd y goleuni, heb liw.
Ni sylwem arni, yr awyr a ddaliai'r arogl
I'n ffroenau. Dwfr ein genau, goleuni blas.
Ni chlywem ei breichiau am ei bro ddiberygl
Ond mae tir ni ddring ehedydd yn ôl i'w nen,
Rhyw ddoe dihiraeth a'u gwahanodd.
Hyn yw gaeaf cenedl, y galon oer
Heb wybod colli ei phum llawenydd.

Na! dychwel gwanwyn i un a noddai
Ddeffrowyr cenhedloedd cyn eu haf.
Hael y tywalltai ei gwin iddynt.
Codent o'i byrddau dros bob hardd yn hyf.
Nyni, a wêl ei hurddas trwy niwl ei hadfyd,
Codwn, yma yr hen feini annistryw.
Pwy yw'r rhain trwy'r cwmwl a'r haul yn hedfan,
Yn dyfod fel colomennod i'w ffenestri?

Yr Hwrdd

Yn sydyn i'w ymennydd neidiodd fflam
    Yn llosgi llydnod â llidiowgrwydd gwyllt
Pan welodd y mamogiaid mwyn a'r myllt
    Yn dod trwy'r bwlch agored, gam a cham
O'r rhos gyferbyn. Yna, heb wybod pam
    Wrth weled wyneb eu harweiniol hwrdd
Llosgodd yn boethach byth – ac aeth i'w gwrdd
    Rhy hyf yn nerth ei ben i ofni nam.
Safant. Ânt ar eu cil, fel bydd eu ffordd,
    A'u pennau i lawr, ar ruthr y daw ynghyd
Eu bas benglogau, fel ag ergyd gordd –
    A gorwedd hwn a'i lygaid gwag, yn fud.
Arweinydd defaid dwl, pe baet yn ddyn
Ni byddai raid it fynd i'r frwydr – dy hun.

Gwanwyn

Allan o risgl rhygnog yr elmen hyd ei ysgafnder gwyrdd.
Allan o'r ddaear rwygedig wasgedig haen ei hegin hardd.
Na'ch twyller â'ch medr ymadrodd na'r hir amynedd.
Allan o'ch gwydnwch at gyd-gnawd, llyngyr i'r mêr ac i'r
    ymennydd.

Trwy'r gaeaf helsoch yn gryf, helfa'n hela helfa'n hurt.
Baich tawelwch y gwanwyn udo blaidd cul ym mhob cwrt.
Poethi bleiddieist blwng yn nhywyll-leoedd y galon
Yn y wig lle cyrcher rhag carchar braw, tir gafael y gelyn.

Lloriasoch ganrifoedd dinasoedd i sadio soeg-sigl y gors
Mamau, plant, babanod, myrdd i'r sarn i'r gwir gael ei gwrs
Gwanwyn i'r un-un swga, tewach tarth uwch llwybrau y llanciau.
'Ymrestrwch i gerdded.' Mae'r gors yn llochian o draw i'w llyncu.

Wele, i mewn trwy lygaid y wennol chwim, chwim y dylifa'r daith.
Yng ngwaelod llygaid lloi bach ac ŵyn yn gorwedd, pranciau
    meysydd maith.
Chwychwi sydd â'r llygaid dwfn, a'u gwib trwy'r golau i rin
    eich gilydd
Duw dilygad a'ch chwipia'n un gyr trwy anialwch eich hygoeledd.

Rhodia, Wynt

Sisial y gwynt rhwng yr haidd,
Sychir y colion di-daw,
Tery bob paladr i'w wraidd,
Gwynt yn yr haidd wedi'r glaw.
Gwynt yn yr haidd wedi'r glaw.
Ar eu hôl hwythau yr haul,
Golud o'r ddaear a ddaw.
Erys y drindod heb draul.
Rhodia, rhodia O wynt!
Rhodia drwy'r ddaear faith,
Rho inni dy help ar dy hynt,
A chyfyd ein gwobrwy o'n gwaith.

Ysbryd o'r anwel a gân,
Moldiwr yr wybren i'w fryd;
Artist a drig ar wahân,
Cynnar bererin y byd.
Cynnar bererin y byd,
Gwadwr pob terfyn a wnaed,
Rhodiwr, a'r môr megis rhyd
Cennad a gyrraedd bob gwaed,
Rhodia, rhodia O wynt!
Rhodia drwy'r ddaear faith
Rho inni dy hwyl ar dy hynt,
A chyfyd ein gwobrwy o'n gwaith!

Rhued y trymwynt trwy'r fro,
Llofft ac ysgubor a grŷn,
Fflangell y glaw ar y to,
Y cawr yn yr hwyr ar ddi-hun.
Y cawr yn yr hwyr ar ddi-hun,
Profwr adeilwyr erioed,
Praffach na'r praw fyddo'r dyn,
Sicrach y cerrig a'r coed.
Rhodia, rhodia O wynt!
Rhodia drwy'r ddaear faith,
Rho inni dy her ar dy hynt
A chyfyd ein gwobrwy o'n gwaith.

Cymru a Chymraeg

Dyma'r mynyddoedd. Ni fedr ond un iaith eu codi
A'u rhoi yn eu rhyddid yn erbyn wybren cân.
Ni threiddiodd ond un i oludoedd eu tlodi
Trwy freuddwyd oesoedd, gweledigaethau munudau mân.
Pan ysgythro haul y creigiau drwy'r awyr denau,
Y rhai cryf uwch codwm, y rhai saff ar chwaraele siawns
Ni wn i sut y safant onid terfynau
Amser a'u daliodd yn nhro tragwyddoldeb dawns.
Tŷ teilwng i'w dehonglreg! Ni waeth a hapio
Mae'n rhaid inni hawlio'r preswyl heb holi'r pris.
Merch perygl yw hithau. Ei llwybr y mae'r gwynt yn chwipio,
Ei throed lle diffygiai, lle syrthiai, y rhai o'r awyr is.
Hyd yma hi welodd ei ffordd yn gliriach na phroffwydi.
Bydd hi mor ieuanc ag erioed, mor llawn direidi.

Y Ci Coch

A glywsoch
Y stori am y ci coch,
Hwnnw a'i drwyn main a'i gain gwt
A'i ergyd tua'r ieirgwt?
'Fy haeddiant,' eb ef, 'heddiw
Yw un hwyaden wen wiw
Cyn y daw Owen heno
I roi'r drws dan ei glws glo.'
Gyda'r hwyr o'i goed yr aeth
I ymyl caeau amaeth.
A daeth dan ddistaw duthian
Â herc glir i barc y lan.
Yr oedd y fad hwyaden
Yn tolcio pridd ger twlc pren.
Heb Nos da, heb un ystŵr
Daeth y ffals, daeth y ffowlswr.
Cododd Gwen ei phen heb ffws
A fflip a fflap, hi fflopws
I'r twlc trwy'r siwter talcen
A chau'r drws bach. Chwerw dros ben!
A ba! dyna ei dinas.
Mae'n popo mewn, pipo ma's
A dweud 'Cwac' a 'Dic dac do,
'Dwy' i ddim yn ffit it eto!'

Byd yr Aderyn Bach

Pa eisiau dim hapusach
Na byd yr aderyn bach?
Byd o hedfan a chanu
A hwylio toc i gael tŷ.
Gosod y tŷ ar gesail
Heb do ond wyneb y dail.
Wyau'n dlws yn y mwswm,
Wyau dryw, yn llond y rhwm.
Torri'r plisg, daw twrw'r plant
'Does obaith y daw seibiant.
Cegau'n rhwth, a'r cig yn rhad.
'Oes mwydon?' yw llais mudiad.
'Sdim cyw cu ar du daear
Tra bo saig un tro heb siâr.
Pawb wrth eu bodd mewn pabell
Is y gwŷdd, oes eisiau gwell?
A hefyd, wedi tyfu,
Hwyl y plant o gael eu plu.
Codi, yntê, y bore bach
Am y cyntaf, dim cintach.
Golchi bryst, 'does dim clustiau,
Côt, heb fotymau i'w cau,
Na dwy esgid i wasgu.
Ysgol? Oes, a dysg i lu.
Dasg hudfawr, dysgu hedfan
A mab a merch ymhob man.
Dysgu cân, nid piano,
Dim iws dweud do mi so do.
I'r gwely wedi'r golau.
Gwasgu'n glòs i gysgu'n glau.
Pa eisiau dim hapusach
Na byd yr aderyn bach?

Beth i'w Wneud â Nhw

Cart fflat i Bwyllgor Amaeth y Sir
Y merlod er teithiau Swyddogion y Tir
I'r Urdd Graddedigion, cytuned pob Cymro,
Yr Asyn – pa waeth os cynhyrfir ei dymer o –
A gofyn iddynt hefyd, fel ffafr
Drefnu ynghylch yr Ieir a'r Afr.
I'r Llys a'r Cyngor â'r Bwch tywysogol
Yn gychwyn i'r Adran Filfeddygol,
A'r milgi hefyd i'r un cyfiawnhad –
Bu'n ormod o faich ar gwnhingod y wlad.
Caiff Aneurin Befan dynnu plan
I wneud dau *Villa* o un Carafán,
Rhoi'r Arholiad i'r Sipsiwn, pawb dan yr un to,
Y rhai na all dorri eu henwau i dorri glo,
Ac o'r lleill (os na buont o flaen yr ynadon),
Rhoi'r cyfrwysaf a'r taeraf yn Llysgenhadon.
Gwneud hyn, ac os na bydd hi'n ormod o drwbl
Peg Pren i San Ffagan er cof am y cwbl.
Gallwn rannu Un Peg rhwng y baich cyffredinol
A'i roi yng ngofal y gŵr gwerinol.
Fel hyn anghwanega'r wlad ei modd.
Y Tragwyddol Bebyll fydd wrth eu bodd.
Daw hwb i galon holl wledydd y Bunt
Pan glywant fod agorwyr y bylchau gynt
Wedi cau'r bwlch rhwng y Bunt a'r Ddoler
Fel y medrwn egluro, pe bawn i'n sgoler.

Fel Hyn y Bu

Prynhawn Sul diwethaf mi euthum am dro
I weled y gwanwyn yn dod dros y fro.
Gwrandawn ar yr adar a gwyliwn yr ŵyn,
Ac weithiau mi safwn gan edrych i'r llwyn,
Ychydig feddyliwn fel hyn lle'r ymdrown
Y gwelai rhai pobl mai ysbïo yr own,
Ac am nad oedd yno yr un o'r Home Guard,
Ni chafodd neb weld fy Identity Card.

Wrth basio rhyw ffermwr yn ymyl ei glos
Mi holais am enw ei dŷ, yn jocôs,
A'r ateb a roddodd, fel ergyd o'r ordd,
Oedd gwaedd ar ei frawd: 'Mae dyn od ar y ffordd!'
Gan hynny ni welai'r dyn od ar ei daith
Fod rhaid iddo yntau roi enw ychwaith,
Ac am nad oedd yno yr un o'r Home Guard
Ni chafodd neb weled ei Identity Card.

'R ôl imi ymadael â'm teimlad dan glwyf
Y ffermwr a aeth at offeiriad y plwyf,
Ymwylltu wnaeth yntau pan glywodd y sôn
A bu rhaid iddo alw'r polîs ar y ffôn.
Disgrifiwyd y gwrthrych: ei ddannedd yn brin
A'i dafod – iaith Dyfed ac acen Berlin,
Ei gerdded yn garcus rhag ofn yr Home Guard
A'i osgo fel dyn heb Identity Card.

Bu cwnstabl Maenclochog yn gweithio fel cawr,
A rhingyll Treletert yn effro bob awr,
A minnau heb wybod, am dridiau bu'r ddau
A'u gafael o'm deutu fel pinsiwr yn cau.
Eu gofal oedd fanwl, eu llafur yn faith –
Fe'm daliwyd ddydd Mercher wrth fynd at fy ngwaith.
Yng ngolwg tŷ'r ysgol, yn ymyl yr iard
Bu rhaid im roi gweld fy Identity Card.

Chwi wŷr Castell Henri, diolchwch fel praidd
Am fugail yn cadw ei blwyf rhag y blaidd,
Ac am Bant y Cabal a safodd ei dir
Gan weled trwy'r rhagrith i galon y gwir.
O rhodder i Gymru o Fynwy i Fôn
Wlatgarwyr fo'n barod i fynd ar y ffôn,
A gwaedded y werin yn gefn i'r Home Guard
'Why don't you take out your Identity Card?'

Yr Hen Fardd Gwlad

Wrth gortynnau'r babell eang
Twmpath gwyrddlas gwyd i'r lan
Fel i dderbyn er pob damsang
Unrhyw fawl a ddaw i'w ran.
Pasia llawer yn ddifeddwl
Ar eu taith tua Dewi Dad
Gan ddirmygu'r saith wyth dwbl –
Dyna fedd yr hen fardd gwlad.

Antholegwyr ac athrawon
A'i hebryngodd ef i'r fan
Dan saernïo telynegion
I'r briallu, tua'r llan.
'R ôl hir ganu am gymdeithas
Ni roed iddo ond sarhad,
Wedi'r angladd ddiberthynas
Dyma fedd yr hen fardd gwlad.

Mae casgliad Lefi, a'r fân lythyren
Rwymodd rhyw anghelfydd daw
Cyn bod Dewi ei hun yn fachgen
Wedi hollti'n wyth neu naw.
Daw nos Sadwrn y papurau
Nid oes neb o'r babell fad
Yn rhoi parch a thywallt dagrau
Ar lwm fedd yr hen fardd gwlad.

Ond er hyn galara'r Awen
Ewropeaidd uwch ei lwch.
Hidla Eliot yn ei niwlen
Oleuedig eiriau trwch.
Ar ei gof rhoir bendith Garmon
Am na chodai'n uwch na'i stad.
Noddfa dawel rhag cyfeillion
Ydyw bedd yr hen fardd gwlad.

Y Sant

Mae ambell athro yng Nghymru, mi wn, yn hoffi ychydig gwrw,
Ond nid arno ef bydd y bai os bydd y dafarn yn dew gan dwrw.
Dim ond peint neu ddau wedi wythnos o waith i'w godi o fyd gofalon,
Yn null y Cymry mwynion gynt a ganai am hwb i'r galon.
Ond 'thâl mo hyn i athro mwy, y mae'r oes mor wareiddiedig.
A'r gân o Groesoswallt a aeth ar led o'r genau etholedig:
    Gwyn fyd y plant dan ofal sant
    Sy'n llwyr ymwrthodwr, cant y cant.

Mae ambell athro, rhaid dweud y gwir, nid da ganddo wrando pregethau,
Ond treulia'r Dydd Cyntaf, fel Martha gynt, ynghylch ei lawer o bethau;
Mae cadw i fyny â'r dydd o'r mis yn dipyn o gamp i athro,
A da cael sgrifennu at hwn a'r llall yn yr hamdden wedi'r rhuthro.
Ond bydd rhaid i'n hathrawon newydd sbon roi'r gorau i hyn pan listian,
Cans holodd Treffynnon uwchben y bwrdd, 'Are you a practising Christian?'
    Gwyn fyd y plant dan ofal sant
    Sy'n mynychu'r achos, cant y cant.

A gwyn fyd y plant dan ofal sant sydd ymhell uwchlaw direidi,
Yn codi am saith, ymolchi ac eillio a gwisgo'i goler yn deidi,
A bwyta'i frecwast ac allan i'w waith yn batrwm rhag esgeulustra,
A'i fron ar dân dros y pethau mân sy'n gwneud i fyny weddustra,
Ac sydd felly a'i fuchedd fel pictiwr pert a'r Pwyllgor wedi ei fframio,
Y dyn na bydd byth yn damio neb, y dyn na bydd neb yn ei ddamio.
    Pa le mae'r plant dan ofal sant
    Sy'n ateb eu gofyn, cant y cant?

Ymadawiad Cwrcath

Yna cydiodd y Coch yn y cwdyn
A'i gario'n garcus rhag yr hen gwrcyn.
Rhodio o'r Teiliwr wedyn – i'r lan draw.
(I'w hir orffwysaw yr eir â Phwsyn.)

'Diawl,' ebr y Coch, 'o'm hanfodd y'i boddaf;
Am oes yr euthum â 'Mhws i'r eithaf.
Lladrata'r cig llo drutaf – wnaeth o'm gwledd;
Canaf ei ddiwedd ac ni faddeuaf.'

Safodd. Daeth llais o'r gwagle'n ddisyfyd;
Ennyd y chwalodd, yna dychwelyd –
'Cwrcath yw. Carcith o hyd – fod o bau
Anghyffwrdd angau ffordd i ddihengyd.'

Y Boddwr trist a distaw
Yna a drodd. Atebodd: 'Taw.'

Ebr y cwrc yn swrth wrtho –
'Na bydd ry sicir,' eb o,
'Heddiw i fedd, O Foddwr,
Af weithian o dan y dŵr.
Aeth o gof fy ngwaith i gyd,
Fy nwyd anghofiwyd hefyd –

Dal llygod mwn dull agwrdd
A byw dan lefel y bwrdd.
Minnau er dan glwyfau'n glaf,
Diawch! eilwaith y dychwelaf
O nos y bedd hyd nes bod
Miwsig coeth ymysg cathod.

Dof yn ôl i dŷ fy nŷn
A gwaeddaf am gig gwyddyn.
Cân fy nghrwth, ac yn fy nghroch
Ar rawn-gist Teiliwr Hengoch
Yr afu têr a fwytâf
Ac eto mi lygotaf.

Am y llaith anfadwaith fu
Y Coch Deiliwr, cewch dalu!
Rhiciaf bob stitch o'ch britchys
O flaen fy mhawen fel us
Hêd pob botwm. Cotwm cain
A dyr pan ddof o'm dwyrain.

Rhynnai dwylaw'r hen Deiliwr
Funud awr ar fin y dŵr,
Ond ar unnaid er hynny
Codi wnaeth y cwd yn hy.

Ar hynny trows ryw naw tro
Oni bu'n whiban heibio
Seithdro, wythdro o hed,
A thri thrithro – uthr weithred –
A sŵn gwynt a'i iasau'n gwau
Trwy gymloedd ingoedd angau.
Wyau, modrwyau a drodd,
Wele'r Teiliwr a'i tawlodd
Onid oedd mal comed wybr
Yn woblan yn ei whiblwybr,
Ymwanai'n bendramwnwg
A'i ôl maith mal cwmwl mwg.

Ond, a'r cwrc ar fynd i'r cawl
Daeth da odiaeth sŵn didawl.
Ag ef fel mwg i olwg ei elyn
Ysgrech a godes goruwch ei gwdyn;
Corco a wnaeth y cwrcyn – fel wrth raid
A bwrw naid gyda phob rhyw nodyn.

Llyma'r miawl ryfeddawl fodd
(O leiaf, dyma glywodd).

'Dan y don mae tre dirion nad ery
Cŵn yn y lle, ac yno yn llyfu
Llaeth heb ei fath mae pawb o'r hen gathlu
Heb un llygoden ar wib yn llygadu.
Ysgyfen neis ac afu – i bob rhai;
Dinas Efallai a'i dawn sy felly.

'Yn yr hen dre mae nefle anniflan,
Yn ei basgedi mae gwlyb ysgadan,
Weithiau ceir pump hen sosej mewn ffrumpan,
Heb feth mae blasusbeth ymhob sosban.
Yn ei thre ni ddaw i'th ran – roddi bloedd
A gadaw sychleoedd dan gwd sachlïan.

'Yno mae crap pob cathol ysgrapio
Fu dan y sêr hyd holl uchder llechdo,
Cig oer a chawl pob ceg ar a chwilio,
Pwys o gaws i bob pwsi a geisio.
Naw chwyth fyn cwrc er cyn co – yn ddi-ddadl
Ei ddegfed anadl a ddugwyd yno.'

Âi'r sgrech hir yn gân firain
Grwndi mwyth. Er gwrandaw main
Darfu'r llais. Ar drofâu'r lli
O'i waith a'i basiwn aeth Pwsi
I'r daith oer, fawr. Daeth awr fwyn,
Gafaelodd brig o fywlwyn,
Yn yr incil. Ar encyd.
Torrodd a rhyddhaodd hyd,
A gwingodd rhag ei angau
O enau'r cwd hanner cau.

Yna rhows un llam ffamws.
Eto, dro, aeth at y drws.

Medi

Uchel yw pren y bydoedd
A Medi ydyw'r mis
Y plyg yr haul mawr aeddfed
Ei ystwyth gainc yn is.

A than ei thrymlwyth hithau
Mae cainc o'r pren sy'n hŷn
Yn gŵyro trwy'r llonyddwch
I lawr at galon dyn.

A rhwng tymhorau daear
Ymrithia amgen wedd.
Ynghanol oesol ryfel
Mihangel y mae hedd.

Molawd Penfro

WALDO WILLIAMS   GERALLT EVANS

I'w herb - yn hi mae'r môr yn gwthio ____ Mae'r gwynt yn rhed-eg dros - ti'n rhydd, ____ Mae'r haul yn
O ben y Foel i'r pur a - beroedd ____ Dy - hea 'nghal - on yn y drych ____ Trwy rwyd y

haul yn oed - i i'w ben-dith - io   Bro   eur - aid ol - af ter - fyn
rwyd y perc - i a'r fei - dir - oedd   Taenwyd ei chyfanedd-dra'n

oed - i
per - ci

dydd. _____   Ynddi y cronnodd rin pob
wych. _____   Dolau a gelltydd, gweunydd

gof - al   Er pan gyd-gan-odd sêr y saint _____
glan - nau   Yn un gyng-han-edd fawr ddi - feth _____

WALDO WILLIAMS

A dug y cenedlae-thau dy-fal Y nerth a
A rhin yr oesoedd drwy'r trig-fann-au Yn dwyn ei

bryn - odd inn - i'n braint.
phlant yn dynn i'w phleth.

Y nerth a brynodd inn - i'n braint.
Yn dwyn ei phlant yn dynn i'w phleth.

SOP.
ALTO
Feibion a merched na ddywed - er Dyfod un adwyth trw-om
TENOR
BASS

DAIL PREN

ni Am fy mha - ra - dwys mae fy mhry - der Gwyliwn ei
Am fy mha - ra -
harddwch hi. Gwyliwn ei hardd - wch
Gwyliwn ei harddwch hi Gwyliwn ei hardd - wch
1
2
hi.
hi.
hi.

Sylwadau

Tud
1. 1956, ar sail 1935.
6. II Yr Arglwydd Rhys; Peter de Leia, adeiladydd yr Eglwys Gadeiriol. Cydoeswyr.
14. Yn Amgueddfa Avebury, o ben bentref cynnar ar Windmill Hill gerllaw. Tua 2500 C.C.
15. Mesur i feirdd yr Alban, Burns yn enwedig.
17 a 18. Yr un Un sydd drwy'r gân. Ni threiglir *p* ar ôl *a* lle'r arferir y gair 'parc'.
Diwedd pennill 5, Datguddiad 22: 2. 'A dail y pren oedd i iacháu'r cenhedloedd'.
19. Aeth y Weinyddiaeth Ryfel ag ardal Castellmartin yn 1939. Ond y mae rhai o ddefaid Preseli yn gaeafu yno.
20. 1946, pan oedd y Weinyddiaeth Ryfel yn bygwth mynd â'r ardal.
21. Castell y Garn yw'r tŵr, ac ar Fynydd Tre-Wman neu 'Brwmston', neu 'Plumstone' y mae'r graig. O'm hen gartref, saif y rhain ar y gorwel, ar draws y sir, yn eglur yn erbyn wybr yr hwyr. Cymerais hwy'n sumbolau. Tachwedd 1938 a'r Arglwyddi'n cynnig Gorfodaeth Filwrol.
26. Brodyr fy nhad-cu.
32. Angharad, gwraig Ieuan Llwyd o Lyn Aeron oedd â'r gŵn ysgarlad, yn y farwnad a ganodd Dafydd ap Gwilym iddi. Fy mam yw'r Angharad hon.
33. Diwedd y pennill cyntaf, Malachi Jones. Nodweddiadol o Idwal.
35. I. Thomas Hardy. Gweler dechrau a diwedd *The Dynasts.*
35. II. John Keats. Caer Wynt oedd canolfan aradr y Belgae cyn dyfod y Rhufeiniaid. Yr oedd arhosiad y bardd yma ym Medi, 1819 yn gynhyrchiol i'w farddoniaeth, dail ei bren, chwedl yntau; 'This world is a vale of soul making' mewn llythyr.
36. III. William Cowper. 'I was a stricken deer and left the herd'. A phan oedd ei genedl yn gorfoleddu ym muddugoliaethau'r Rhyfel Saith Mlynedd, 'O for a lodge in some vast wilderness'.
39. I. Y diweddar Mr John Morris, Pen-sarn, Rhydwilym, y codwr canu yno, ewythr yr arlunydd, Mr Dafydd Edwards y Weun.
43. Ar ôl ymweld â Mr Mardy Jones, Seven Sisters.

Tud

46. Cenais y gân hon i Gwenallt ar ôl darllen ysgrif yn ei alw'n fardd tywyll.
52. Cafwyd mewn llythyr at fy nghyfeillion D. J. a Siân, Abergwaun.
54. Cawsant gynnig mynd yn rhydd ond iddynt gydnabod awdurdod Hitler yn ffurfiol.
57. Ar ôl un o frwydrau mawr y Pasiffig.
60. Cenais y gân hon ddydd Nadolig 1945. Yr oedd dirwy o un bunt ar bymtheg ar ein milwyr yn yr Almaen am ddymuno Nadolig Llawen i Almaenwr, meddai un o'r papurau.
61. Canu carolau yn yr ysgol a'm cymhellodd i ganu hon.
62. Mesur gan Thomas Hardy, gyda datblygiad.
63. At fy nghyfaill E. Llwyd Williams.
71. Gweler cân Henry Clarence Kendall, y bardd Awstralaidd 'Beyond Kerguelen'.
73. Dywedodd hwn wrth Harri'r Ail fel hyn, medd Gerallt Gymro: '. . . Ac nid unrhyw genedl arall, fel y barnaf i, amgen na hon o'r Cymry nac unrhyw iaith arall ar Ddydd y Farn dostlem gerbron y Barnwr Goruchaf . . . a fydd yn ateb dros y cornelyn hwn o'r ddaear . . .' *Disgrifiad o Gymru*, Cyf. Thomas Jones.
74. Gweler 'Anatiomaros' Thomas Gwynn Jones.
75. Canwyd y gân hon ar y ffordd adref i Lyneham ar ôl bod gydag Indiaid Llundain yng nghwrdd coffa Gandhi.
76. Gweler llyfr T. P. Ellis, *The Welsh Catholic Martyrs*.
79. I'r *Llinyn Arian* i gyfarch Urdd Gobaith Cymru.
82. Gwanwyn 1946: 'Y durtur hefyd a'r aran a'r wennol a gadwant amser eu dyfodiad eithr fy mhobl ni wyddant farn yr Arglwydd'; *Jeremeia*.
83. Mesur Thomas Carlyle yn ei gân hau.
86. Dim iws dweud 'do, mi, so, do' – am fod gormod odlau hefyd!
87. Yn fuan ar ôl y rhyfel cwynid fod y sipsiwn yn faich ar y wlad, a cheisiwyd gan y Llywodraeth roi trefn arnynt.
90. Adolygiad Mr Saunders Lewis ar *Beirdd y Babell* sydd yn gyfrifol am y gân hon, a'r syniadau ynddi. Casgliad Thomas Levi o farwnadau.

Tud

92. Canodd Idwal nifer o barodïau gan gymryd y thema hon, yna cenais i un arall. Yn y *Dragon* y bu hyn, tua 1930.

96. Gobeithiaf na bydd y teitl yn help i hyrwyddo'r arfer o alw Penfro ar sir Benfro.